民族之魂

见贤思齐

陈志宏◎编著

延边大学出版社

图书在版编目（CIP）数据

见贤思齐 / 陈志宏编著 . -- 延吉：延边大学出版
社 , 2018.4（2023.3 重印）
（民族之魂 / 姜永凯主编）
ISBN 978-7-5688-4489-5

Ⅰ.①见… Ⅱ.①陈… Ⅲ.①品德教育－中国－青少
年读物 Ⅳ.① D432.62

中国版本图书馆 CIP 数据核字（2018）第 069502 号

见贤思齐

编　　　著：陈志宏
丛 书 主 编：姜永凯
责 任 编 辑：王　静
封 面 设 计：映像视觉
出 版 发 行：延边大学出版社
社　　　址：吉林省延吉市公园路 977 号　　邮编：133002
网　　　址：http://www.ydcbs.com　　E-mail：ydcbs@ydcbs.com
电　　　话：0433-2732435　　　　传真：0433-2732434
发行部电话：0433-2732442　　　　传真：0433-2733056
印　　　刷：三河市同力彩印有限公司
开　　　本：640×920 毫米　　　　1/16
印　　　张：8　　　　　　　　　字数：90 千字
版　　　次：2018 年 4 月第 1 版
印　　　次：2023 年 3 月第 2 次印刷
ISBN 978-7-5688-4489-5

定价：38.00 元

人有灵魂，国有国魂；一个民族，也有民族魂。

鲁迅先生曾经说过："唯有民魂是值得宝贵的，唯有他发扬起来，中国才有真进步。"

鲁迅先生以笔代戈，战斗一生，曾被誉为"民族魂"。

民族魂，顾名思义，就是一个民族的灵魂！民族魂，是一个民族的精髓，体现了一种民族的精神，是一个民族生存和存在的精神支柱。

什么是中华民族的民族魂？那就是中华民族精神！它是中华民族凝聚力的理念核心，是中华文明传承的基因。它包含热烈而坚定的爱国情感，对生活的美好愿望和追求，为目标努力奋斗的拼搏毅力，为正义事业不惜牺牲自己的精神，以及正确的人生观和价值观。

翻开浩瀚的中国历史长卷，我们可以看到数不胜数的，体现民族精神和民族魂的英雄人物和可歌可泣的感人故事。

民族魂，不仅体现在爱国主义精神和行动中，而且体现在各个领域自强不息的民族奋斗中。而中华民族精神的力量，更是深深植根于延绵几千年的传统文化之中，始终是维系中华各族人民共同生活的纽带，是支撑中华民族生存和发展的精神支柱，是不断推动中华民族前进的强大动力。

民族魂体现在"重大义，轻生死"的生死观中；民族魂体现在"国家兴亡，匹夫有责"的使命感中；民族魂体现在"我以我血荐轩辕"的大无畏精神中；民族魂体现在将国家利益置于最高的爱国情怀中！

纵观中华五千年文明史，曾经有多少杰出的政治家、军事家、思想家、文学家、科学家、艺术家；曾经有多少忧国忧民、鞠躬尽瘁的仁人志士；曾经有多少抗击外敌、英勇献身的民族英雄。他们或顺应历史潮流，积极改革弊政，励精图治，治国安邦，施利于民；或为人类进步而不断进行着农业、工业、科技、社会等各种创新；或开发和改造河山，不断创造着灿烂的中华文明；或英勇反击外来侵略，捍卫着国家主权和民族尊严；或坚决反对民族分裂，维护国家的统一……他们从不同的侧面，体现了中华民族的民族魂，谱写了几千年中华文明的壮丽诗篇，铸造了中华民族高尚而坚不可摧的"民族之魂"。

民族魂，就是爱国魂。从屈原在汨罗江边高唱的《离骚》，到文天祥大义凛然赴死前的"人生自古谁无死，留取丹心照汗青"的诗句；从岳飞的岳家军抗击入侵金兵，到郑成功收复台湾；从血雨腥风的鸦片战争，到硝烟弥漫的十四年抗战，再到抗美援朝的隆隆炮声……哪个为国捐躯的英雄不是可歌可泣的？

民族魂，就是奋斗魂。从勾践卧薪尝胆，到司马迁秉笔直书巨著《史记》；从鉴真东渡传播佛法终在第六次成功，到詹天佑自力更生建铁路；从袁隆平百次实验成为"水稻之父"，到屠呦呦的青蒿素获得诺贝尔奖……哪个不是历经艰难，最终取得成功？

民族魂，就是改革献身魂。从管仲改革到商鞅变法；从王安石变法到百日维新……哪次变法图强不是要冲破

民族之魂

旧势力的阻挠，或流血牺牲？

民族魂，就是创新魂。古有毕昇发明活字印刷，今有王选计算机照排；古有指南针、造纸术、火药、浑天仪、地动仪的发明，今有神舟号的相继飞天……哪个不是中华民族的智慧结晶？

自古以来，多少仁人志士为了维护人格的尊严和民族气节，以生命为代价！留下了"玉可碎不可污其白，竹可断不可毁其节"的称颂；有多少英雄豪杰，为理想和事业奋斗，面对死亡的威胁，大义凛然；有多少爱国壮士面对侵犯祖国的列强，挺身而出而献出生命。

伟大的中华民族孕育了五千年的辉煌，五千年的历史留下了璀璨的中华文明。

前 言

中国人的血脉流淌着顽强不屈的精神！我们的先辈用血汗和生命铸就了不朽的中华民族魂！换得如今中华大地的一片祥和安宁，换得我们现在的幸福生活。如今，我们要实现习近平主席提出的中国梦，依然需要我们秉承祖辈留下的这种"民族魂"。

青少年是国家的希望，亦是民族的未来。因此，爱国主义教育和励志图强教育要从青少年开始。为了增强对青少年的民族精魂和志向教育，我们精心编写了本套丛书——《民族之魂》丛书。

本套丛书将我国有史以来体现民族精神和民族魂的典型事迹，以通俗易懂的语言故事形式展现出来，适合青少年的阅读水平和欣赏角度。书中提供的人物和事件等故事，涉及社会的各个方面，有利于青少年学习和理解，使读者能全方位地领悟中华民族精神。

为了帮助读者更好地理解和吸收故事的精神，编者在每篇故事后还给出了"心灵感悟"，旨在使故事更能贴近现实社会，让读者结合自身的需要学习领会，引发读者更深入的思考。

希望读者们可以从本套图书中获得教益，通过阅读，真正体会到中华民族之魂所在，同时能汲取其精华，不断提升自己各方面的素质和品格，为祖国新时代的建设和发展做出努力。

全套丛书分类编排，内容详尽，风格独具，是广大读者尤其是青少年爱国励志教育的优秀阅读材料。相信本套丛书一定可以成为青少年朋友的良师益友。

民族之魂

导言

　　孔子的《论语·里仁》中有"见贤思齐焉，见不贤而内自省也"之句，这是后世儒家修身养德的座右铭。"见贤思齐"，意思是看到好的（人、行为）应该想去学习；"见不贤而内自省"，意思是见到不好的（人、行为）要从中吸取教训，反省自己。

　　见贤思齐是中华民族的传统美德之一。任何一个不断发展、不断进取的民族，都不会漠视榜样的力量。在我们心中，榜样是行动的标尺和人生的明镜，榜样的示范作用胜过理论和说教。古往今来，见贤思齐的故事数不胜数，这些经典故事都为我们诠释了见贤思齐的精髓之所在。"见人善，即思齐，纵去远，以渐跻"。看见别人有好的品德，就要向他学习；虽然目前与他相差甚远，但是只要坚持下去，慢慢总会赶上他。做什么事都是这样，也唯有这样，我们才能做一个真正大写的"人"。

　　如果人人都向贤人学习，我们这个社会就有享用不尽的精神财富，人与人之间的关系将会更加融洽，我们生活的社会环境会更加和谐；如果人人都向雷锋学习，社会风气将大为好转；如果人人都向那些为社会作出大贡献的人学习，这个社会必将产生更多的发明创造，为社会带来更多的物质财富。面对生活，面向未来，我们应不断弘扬见贤思齐的美德，像先贤一样去生活，去履行自己的责任和义务。见贤思齐，我们将会把和谐社会的美好蓝图变成绚丽多彩的现实图景！

本书中，我们精心选编了一些体现"见贤思齐"的经典故事，希望读者通过阅读此书，可以更深刻地理解它的内涵意义，并有所领悟、有所启迪。在自己的日常生活和学习工作中，能够以他们为楷模，做到见贤思齐，真诚秉直，不断地完善自我，抵制各种不良诱惑，抵制社会上的歪风邪气，做一个有高尚品德的人。

目录
CONTENTS

第一篇

循大势守常礼

晏子以行劝齐景公

晏婴（公元前578—前500），字仲，谥平，习惯上多称平仲，又称晏子。夷维人（今山东莱州）。春秋后期重要的政治家、思想家、外交家。齐国上大夫晏弱之子，以生活节俭、谦恭下士著称。据说晏婴身材不高，其貌不扬。齐灵公二十六年（公元前556年）因父亲晏弱病死，晏婴继任为上大夫。

在晏子辅佐齐景公的初期，有一次齐景公设宴与群臣共饮。在酒宴上，君臣彼此祝酒，喝得兴起之时，齐景公突然心血来潮，把手一挥，对着众臣说："今日寡人愿与诸位大夫喝个痛快，请各位不必拘礼。"说完，自己便哈哈地笑了起来。

晏子一听此言，马上显出不安的神色，向景公建议道："君王所言差矣！臣子们自然是希望国君能不拘礼数。然而，力多足以战胜长上，勇多足以杀害国君，礼数却可以约束这些行为。古人说，不拘礼数好似禽兽靠着自己的气力彼此攻击，以强欺弱，胜者为王，所以经常更换它们的领袖。如今君上希望群臣不必拘礼，就形同禽兽了。倘若人形同禽兽，群臣仗着自己的气力去互相攻击，以强大欺凌弱小，如此经常更换领袖的话，试想君王怎能安于其位呢？"

"人之所以高贵于禽兽的地方，正是因为有礼的关系啊。所以《诗经》中说道：'人而无礼，胡不遄死。'人如果不讲求礼，那还不如早点死掉的好。由此可知，礼是不可或缺的啊！"

晏子劝得恳切，然而景公沉迷于杯中之物，正有兴致，听到晏子的话，反倒觉得十分扫兴。因此，齐景公对晏子的劝告置之不理，好像根本没听到似的。

晏子见景公不答，也没有再强作解释，群臣们又继续饮酒欢乐。

过了一会儿，景公因事离席。在出去的时候，晏子竟然不起身恭送；等到景公由外入座后，晏子也不起身相迎；在交杯互敬时，晏子更是抢先饮酒，好似景公不在场一样。

齐景公看到晏子如此无礼，而且一而再、再而三，不禁感到十分气恼。终于，景公忍无可忍，容色大变，怒目而视地责问晏子道："刚才先生还教寡人，人之相处不可以无礼。但寡人出入席次，你不起身迎送；交杯敬酒时，你又抢先来饮，这难道合礼吗？"

晏子听了，立即离席起身，非常有礼貌地稽首礼拜，向景公回答道："晏婴怎敢忘记刚才向君上讲的话呢？臣只不过是用行动来说明无礼的实际样子罢了。君上如要不拘礼数，那就是这个样子啊！"

景公这才明白晏子的用意，心中十分感慨，原来不拘礼数是如此结果，于是惭愧地说道："这样看来，的确是寡人的过错呀！先生请入席，寡人听从先生的谏言就是了。"酒过三巡之后，景公便依礼停止了这次饮宴。

从此以后，齐景公锐意革新，整饬法纪，修明礼乐，不仅让国家政务走上了正轨，百姓们也安居乐业，社会秩序由此更加有条不紊。

晏子用实际行动让齐景公明白，如果不讲礼节、只讲感情，那势必会出现不礼貌的行为，而为人们所不能接受。因此，讲究礼貌、礼节是必要的。

■史海撷英

晏子辞谢更宅

晏子刚开始担任宰相时，齐景公想为晏子更换住宅，就说："你的住宅靠近市场，低湿狭窄，喧闹多尘，不适合居住，我替你换一所明亮宽敞的房子。"

晏子辞谢说："君主的先臣我的祖父辈都住在这里，臣不足以继承先臣的业绩，这对臣已经过分了。况且小人靠近市场，早晚能得到自己所需要的东西，这是小人的利益，哪敢麻烦邻里迁居为我建房呢？"

景公笑着说："那你靠近市场，了解物品的贵贱吗？"

晏子回答说："既然以它为利，岂敢不知道呢？"

景公说："什么贵？什么贱？"

当时，齐景公在全国滥用酷刑，实行割去脚的刑罚，于是有许多人出售假脚，所以晏子回答说："假脚贵，鞋子贱。"

齐景公听后，领会了晏子的意思，便减轻了刑罚。

吕岱虚怀若谷

吕岱（161—256），字定公。东汉广陵郡海陵县（今江苏泰州）人。三国时期著名的军事家和政治家。他东征西讨，开疆拓土，为东吴立下了汗马功劳，成为东吴政权的元勋重臣之一。

吕岱是三国时吴国的大臣，他为官不骄，虚怀若谷，不管是谁，只要能指出他的过错，他都能虚心接受。

有个名叫徐源的平民之士，经常指出吕岱的过失，吕岱非常感激他，并跟他交上了朋友。徐源生活十分贫寒，吕岱不时拿出钱来资助他。两人由于经常交往，吕岱发现徐源不仅为人坦荡，诚实正直，而且很有才华，于是便推荐他做了官。

在吕岱的举荐下，徐源当上了侍御史。徐源做官以后，每当他发现吕岱的缺点，仍然跟从前一样直言不讳地当面批评，吕岱也照例每次都很虚心听取他的意见。对此，朝中不少官员大惑不解，大家都议论纷纷。

有的说："这徐源也真不知好歹，吕大人推荐他做了官，他非但不报知遇之恩，反而恩将仇报，偏偏跟吕大人过不去！"

也有的说："人家吕岱大人是大人不计小人过，宰相肚里能撑船，才不计较这些呢！"

吕岱听了这些议论，心里并不在意。

他对众人说："徐源能当面指责我的错误，是为我好啊！这正是他在报答我的知遇之恩。我之所以敬重他，其原因就在于此。"

徐源死后，吕岱十分痛心，他哭着一遍遍地说道："您是我的良师益友，如今离我而去，日后谁来批评我的过错呢？"

■ 故事感悟

吕岱闻过则喜的品质是可嘉的，而他的虚怀若谷、谨记鞭策的品行更值得我们称赞。

■ 史海撷英

吕岱初试锋芒，平定山越

吕岱早年时期曾为郡县小吏，东汉末年，为了躲避战乱，步入中年的吕岱便随北方名流南迁到江南。

建安五年（200年），孙权执掌江东权柄后，广揽人才，吕岱也前往投靠，孙权就派他到吴郡（今江苏苏州）试任郡丞。吕岱到任后，恪尽职守，把分管之事都治理得井井有条。孙权于是将吕岱留在身边，任录事，掌管文案，不久又委吕岱以重任，派他到余姚县担任县令。

吕岱深知，在这样一个乱世，离开武力是难有作为的。因此，他到任后的第一件事就是"招募精健"，组建了一支1000余人的武装。后来，这支部队成为吕氏的嫡系武装，跟随吕岱东征西讨，建功立业。

山越是我国古代南方少数民族越人的后裔，那里民风剽悍，不仅"攻没城郭，杀略长吏"，而且常被东吴敌国利用作内应，成为东吴政权的心腹之患。所以，平定山越也成了孙吴政权的基本国策，东吴的主要将领几乎都参与过平定山越的战争。

建安九年（204年），吕岱生擒山越首领吕合、秦狼，平定了会稽郡东冶（今福建建瓯市）等五县。为此，吕岱被提拔为昭信中郎将，跻身于东吴的主要将领之列。

□ 文苑拾萃

《三国志·吕岱》节选

（西晋）陈寿

孙权统事，岱诣幕府，出守吴丞。会稽东冶五县贼吕合、秦狼等为乱，权以岱为督军校尉，与将军蒋钦等将兵讨之，遂禽合、狼，五县平定，拜昭信中郎将。建安二十年，督孙茂等十将从取长沙三郡。权留岱镇长沙。安成长吴砀及中郎将袁龙等首尾关羽，复为反乱。岱攻醴陵，遂禽斩龙，迁庐陵太守。

延康元年，代步骘为交州刺史。郁林夷贼攻围郡县，岱讨破之。桂阳浈阳贼王金为害，权诏岱讨之，生缚金，传送诣都，斩首获生凡万馀人。迁安南将军，假节，封都乡侯。交阯太守士燮卒，权以燮子徽为安远将军，领九真太守。岱表分海南三郡为交州，以将军戴良为刺史，海东四郡为广州，岱自为刺史。时士徽有罪，率兄弟六人肉袒迎岱。岱皆斩送其首。

拓跋宏大兴汉制

北魏孝文帝拓跋宏（467—499），又名元宏。卓越的少数民族政治家、军事家和改革家。他崇尚汉族文化，实行汉化，禁胡服、胡语，改变度量衡，推广教育，改变姓氏并禁止归葬，提高了鲜卑人的文化水准。这是北方各民族陆续进入中原后民族融合的一次总结，对中国的发展起到了重要的作用。

南齐明帝建武元年（494年），北魏孝文帝拓跋宏下令百官和百姓一律改穿汉人的服装，并严令禁止再穿胡人的服装。为了继承周、汉的传统，为统一天下奠定基础，拓跋宏想变革北方习俗的决心也更加强烈。

南齐明帝建武二年（495年）五月二十六日，拓跋宏在太庙里为太子拓跋恂举行冠礼时，特意召见群臣。他首先问道："诸位希望朕学习商代、周代的圣王呢，还是希望朕连汉代、晋代的皇帝都比不上？"

咸阳王拓跋禧回答道："群臣当然希望陛下超过前代帝王啦！"

拓跋宏满意地点点头，又问："既然如此，那么我们应当移风易俗呢，还是要因循守旧？"

拓跋禧马上说："愿意圣政日日更新。"

"仅仅自己实行呢，还是希望代代相传？"

"愿意代代相传。"

"很好！孔子说：'名不正，言不顺，则礼乐不兴。'当今世上，有胡语，有汉语，什么是正呢？汉语！朕打算禁止使用胡语，全部改用汉语。当然，30岁以上的人，由于习惯问题，可以宽容一些。凡30岁以下在朝廷任职的人，必须说汉语。有谁不改，那就降职，或者罢官。诸位以为如何？"

拓跋禧抢先说："坚决遵从圣旨。"

"朕曾经和李冲谈论过，李冲说：'四面八方的人，有四面八方的语言，究竟哪一种语言是正音，说不好。做主上的说哪一种，哪一种就是正音。'李冲这话有罪，应当处死。"

拓跋宏说着，面朝镇军将军李冲喝道："李冲，你辜负了朝廷，应当让御史把你拖下去！"

李冲顿时吓得魂飞魄散，汗流浃背。他摘下帽子，扑通一声跪下求饶。

拓跋宏又指着他出巡时留守洛阳的官员大声说："昨天，朕看见妇女们还穿夹领小袖的胡服，你们为什么不遵守朕的命令？"

那些留守官员纷纷跪下谢罪。

"要是朕说得不对，你们可以当庭辩论，为什么上朝时顺旨，下朝后就逆旨呢？"拓跋宏用力拍了下案几。

群臣震恐，鸦雀无声。

六月初二，拓跋宏正式发布诏书："不许在朝廷上讲胡语，违者免去官职。"接着，他又下达了一系列汉化的命令。

南齐明帝建武三年（496年）正月，拓跋宏毅然决然地把世代相传的鲜卑姓氏"拓跋"改为汉姓"元"。

■故事感悟

拓跋宏是一位颇有远见的君王，在他执政期间，能够见贤思齐，以前朝帝王为典范，进而推行自己的变革，促进民族融合和民族文化的发展。这在历史上是进步的，也是值得我们学习和发扬的！

■史海撷英

魏孝文帝建立三长制

天兴元年（398年），拓跋珪即位，是为魏道武帝。在位期间，为了维护刚刚建立的北魏政权，北魏政府利用各地"宗主""督护"地方，实行宗主督护之制。魏孝文帝元宏改革时，为加强中央政府对人民的实际控制，采纳了给事中李冲的建议，于太和十年（486年）建立三长制，以取代宗主督护制。三长制规定：五家为邻，设一邻长；五邻为里，设一里长；五里为党，设一党长。三长制与均田制相辅而行，三长的职责是检查户口，征收租调，征发兵役与徭役。

实行三长制后，三长直属于州郡，原荫附于豪强的荫户也就成了国家的编户，因此也必将与豪强地主争夺户口和劳动力。

李冲提出实行三长制的建议后，在朝廷中引起了激烈的争论。坚持宗主利益的中书令郑羲和秘书令高佑是反对派代表。他们对主持辩论的冯太后说，三长制看起来很好，但实际却行不通。朝臣中支持郑羲、高佑意见的也是大有人在。李冲和太尉拓跋丕则据理力争，指出实行此制对公私都有利。最后，冯太后从加强中央集权的利益出发，认为实行三长制既可使征收租调有根据和准则，又可清查出大量的隐匿户口。至此，三长制终于在冯太后的支持下实施了。

■文苑拾萃

魏孝文帝

佚 名

孝文竣改革，天地得更新。
放马南山去，荷锄北岭耕。
番姑嫁汉郎，汉话替胡音。
民族融和久，相居世代亲。

唐太宗悉听魏征劝

　　唐太宗李世民（599—649），陇西成纪人，祖籍赵郡隆庆。唐朝政治家、军事家、书法家、诗人。即位为帝后，积极听取群臣的意见，努力学习文治天下。有个成语叫"兼听则明，偏信则暗"，就是说他的。他是中国历史上最出名的政治家与明君之一，开创了历史上的"贞观之治"。

　　一次，唐太宗问群臣："做国君的遵循什么途径就能聪明，犯了什么过失就会愚昧呢？"

　　魏征回答说："国君之所以聪明，在于能广泛地听取各方面的意见；之所以愚昧，在于偏信一面之词。尧和舜开辟明堂四门，广开视听之路，通达地了解四方民情。虽然有共工和鲧那样的恶人，也不能蒙蔽他；即使有花言巧语而常做邪恶之事的小人，也无法迷惑他。秦二世深居宫中，偏信赵高，因而天下溃叛也不知道；梁武帝偏信朱异，因而侯景已攻打关门也不了解；隋炀帝偏信虞世基，因而盗贼遍布天下也无从知晓。所以说国君能广泛听取各方面的意见，奸邪的小人就无法蒙蔽，而下情也就可以上达了。"

魏征接着又说:"从前齐桓公曾和管仲、鲍叔牙、宁戚四人一起饮酒。桓公请求鲍叔牙说:'怎么不起来为我祝寿?'鲍叔牙捧着酒杯起身说道:'希望您不要忘记在莒国时的情景,使管仲不要忘记被囚禁在鲁国时的景况,使宁戚不要忘记在车下喂牛的生活。'桓公离开坐席答谢道:'我和二位大夫能不忘记先生的话,国家就不会危亡了。'"

唐太宗说:"我不敢忘记身为平民的年代,你也不能忘记鲍叔牙的为人呀!"

■故事感悟

唐太宗不愧是我国历史上贤明的帝王!他能够将古人先贤的优良作风引为己用,并时刻警醒自己,可谓真正的见贤思齐啊!

■史海撷英

唐太宗提倡廉政

唐太宗统治时期,在廉政建设方面是相当成功的。他没有像朱元璋那样严惩贪官污吏,而是建立了一个廉洁奉公、遵纪守法的中央领导班子,重视地方长官的选举。

当时,朝廷中不少卿相家境贫困,如张玄素、马周等,但他们一直忠心耿耿地扶持唐太宗。再加上当时良好风气的宣传和行政监督,及时预防了官员犯错。因此,当时的官员是相当奉公守法、廉洁自律的。

同时,唐太宗自己也比较注重节俭,不滥用民力,注意与民休息。因此,当时社会形成了一种朴素求实的作风。

此外，唐太宗还相当重视农业。京官外巡回京，唐太宗都会先问及此事，并因太子冠礼与农时违背而更改。

经破薛举战地

（唐）李世民

昔年怀壮气，提戈初仗节。
心随朗日高，志与秋霜洁。
移锋惊电起，转战长河决。
营碎落星沉，阵卷横云裂。
一挥氛沴静，再举鲸鲵灵。
于兹俯旧原，属目驻华轩。
沉沙无故迹，灭灶有残痕。
浪霞穿水净，峰雾抱莲昏。
世途亟流易，人事殊今昔。
长想眺前踪，抚躬聊自适。

魏征希望做良臣

　　魏征（580—643），字玄成。唐初杰出的政治家、思想家、史学家。河北巨鹿人，祖籍为四川省广元。从小丧失父母，家境贫寒，但喜爱读书，不理家业，曾出家当过道士。隋大业末年，魏征被隋武阳郡（治所在今河北大名县）丞元宝藏任为书记。元宝藏举郡归降李密后，他又被李密任为元帅府文学参军，专掌文书卷宗。后为唐太子李建成僚属。

　　唐太宗时期，有人告发右丞魏征，说他偏袒自己的亲属。唐太宗李世民派御史大夫温彦博调查，结果查无实据，李世民便不再追究。温彦博说："魏征避嫌，虽然说明他无私，但他应该出面做个解释才是。"

　　李世民便让温彦博去责备魏征，魏征上朝对李世民说："君臣只有彼此以诚相待，才能上下一体地治理国家。如果事事都求每个人出面做解释，还怎么治理国家？我实在不敢接受陛下的指责。"

　　李世民忙说："朕很后悔朕所说的话。"

　　魏征又拜了两拜，说："希望陛下让我做良臣，而不要让我做忠臣。"

　　"哦？难道忠、良之间有什么区别吗？"

"有。后稷、契、皋陶，君臣一心，同享荣耀，这就是所说的良臣；龙逢、比干，犯颜直谏，身诛国亡，这就是所说的忠臣。"

李世民连连点头，特意赐给魏征五百匹绢。

■故事感悟

魏征以前人为鉴，以后稷、契、皋陶为榜样，努力向他们学习，争做良臣，为国家社稷贡献自己的力量。这不仅是为臣之道，也是做人的基准。

■史海撷英

魏征谏帝爱民

贞观二年（628年），魏征被授秘书监，开始参掌朝政。不久，长孙皇后听说一位郑姓官员有个年仅十六七岁的女儿，才貌出众，于是就告诉了李世民。李世民便下诏，将这一名女子聘为妃子。

然而，魏征听说这位女子已经许配给陆家，便立即入宫向唐太宗进谏："陛下为人父母，抚爱百姓，当忧其所忧，乐其所乐。居住在宫室台榭之中，要想到百姓都有屋宇之安；吃着山珍海味，要想到百姓无饥寒之患；嫔妃满院，要想到百姓有家室之欢。现在郑民之女早已许配陆家，陛下未加详细查问，便将她纳入宫中，如果传闻出去，难道是为民父母的道理吗？"

李世民听后大惊，当即深表内疚，并决定收回成命。

杨坚不徇私严训子

杨坚（541—604），隋朝开国皇帝。汉族。弘农郡华阴（今陕西省华阴市）人。汉太尉杨震十四世孙。他在位期间，成功地统一了百年严重分裂的中国，开创了先进的选官制度，发展文化、经济，使得中国成为盛世之国。杨坚在位期间，隋朝开皇年间疆域辽阔，人口达到700余万户，是人类历史上农耕文明的巅峰时期。杨坚也是西方人眼中最伟大的中国皇帝，被尊为"圣人可汗"。

秦王杨俊是隋文帝杨坚的第三个儿子，他担任并州总管后，追求奢侈的生活，不顾制度规定，超规模地改建、装修府邸，还经常追逐美色。

他的妃子崔氏不甘心被冷落，一气之下在杨俊吃的瓜中下了毒。杨俊虽然因抢救及时没有丢了性命，但这件事终归是闹得满城风雨。

杨坚非常恼怒这个不争气的儿子，便下令罢了他的官，让他在家赋闲。

左武卫将军刘昇替杨俊求情说："秦王只不过多耗费了国家的钱财，并没有大错，请陛下宽容他。"

杨坚回答说："国家在宫室府邸规模上的有关规定，就是法令。杨俊违反了法令，怎么能说没有大错呢？"

尚书右仆射杨素也劝谏说："秦王所犯的过错不应该受到这样重的处罚，请陛下慎重考虑。"

杨坚生气了，指着群臣喝道："在你们的眼里，朕哪里是天下百姓的父亲？朕仅仅是秦王的父亲！那好，我们干脆专门为天子的儿子制定法令，还要国家的法令干什么？"

大臣们面面相觑，谁也不敢吭气了。

杨坚接着说："以前周公执政时，大义灭亲，杀了起兵造反的管叔、蔡叔。朕的德行虽不如周公，但总不能徇私枉法。以后不许再提这事！"

杨坚始终没有宽恕杨俊。

■故事感悟

杨坚是一位有自知之明的君主。他自知不如周公，但他见贤思齐，以周公严于执政的作风作为典范要求自己，实在可贵！

■史海撷英

杨坚确立三省制

隋文帝杨坚称帝后，废除了不合时宜的北周六官（天、地、春、夏、秋、冬）制。北周的官僚体制基本上是效仿西周时期的《周官》，即《周礼》的形式，很原始、混乱。六官制称谓复杂，职掌不明，办事效率也非常低下。杨坚恢复了汉魏时期的体制，基本上确立了三省六部制度。

杨坚在中央设立三师、三公、五省。三师、三公都只是一种荣誉虚

衔，掌握政权的是五省，即内侍省、秘书省、门下省、即内史省和尚书省。内侍省、秘书省在国家政务中不起重要作用；内侍省是宫廷的宦官机构，管理宫中事务；秘书省掌管书籍历法，事务较少。起主要作用的是其他三省，内史省、门下省、尚书省都是最高政务机构。内史省负责决策，门下省负责审议，尚书省负责执行。这就是后来被唐朝继承的三省制。

杨虞卿劝穆宗勤政

唐穆宗李恒（795—824），原名宥。元和七年（812年）被立为皇太子，改名恒。他是宦官梁守谦拥立的唐朝第十二位皇帝，在位4年间，宴乐过多，畋游无度，不留意天下之务。后服金石之药而死，享年29岁，葬于光陵。

唐穆宗刚刚即位，便恣意游逸享乐。杨虞卿便上疏说："我听说，古代的尧、舜以天下为忧虑，而不以君位享乐。何况眼下……民众的疾苦在下面积聚，朝廷的制度却得不到修整……这样当然是不能高枕无忧的，陛下刚刚面临纷繁的政务，该有为天下忧虑的心思，应当每天召见辅政的大臣、公卿及各方面的主管官员，关心询问下情，使天下四方、朝廷内外的事情都能清楚地了解……进谏的大臣站满了朝廷，而忠言您却听不进去，我确实为此感到羞耻。但凡君主恩德疏浅了，正路就会被堵塞。公卿大臣应该时刻在内廷被召见，这样君臣间就能互通情况，而治国的正道也就能求得了。"

唐穆宗听了之后深有感触。此后，他改变了享乐的生活方式，并开始勤政纳谏。

■故事感悟

古往今来，骄奢淫逸的君王执政，都会以名利俱损而收场。杨虞卿以古代先贤劝谕唐穆宗要勤政，唐穆宗也知错能改，做到了见贤思齐。

■史海撷英

唐穆宗游乐无度

唐朝后期，尚在为唐宪宗治丧期间，刚刚即位的唐穆宗就毫不掩饰自己对游乐的喜好。

元和十五年（820年）五月，唐宪宗葬于景陵后，穆宗越发显得没有节制。很快，他就带着亲信随从狩猎取乐去了。六月，皇太后郭氏移居兴庆宫，穆宗便率领六宫侍从在兴庆宫大摆宴筵。酒宴结束后，他又回幸神策右军，对亲信中尉和将领大加颁赐。从此，穆宗每三日便来神策左右军一次，同时驾临宸晖门、九仙门等处，目的是观赏角抵、杂戏等表演。

七月六日是唐穆宗的生日。在这天，他竟然异想天开地制订了一套庆祝仪式。后来一些大臣提出自古以来还没有这样的做法，他才作罢。他还在宫里大兴土木，修建了永安殿、宝庆殿等。宫苑内所修假山倒塌，导致7位工人被压死。当永安殿新修成的时候，他在那里观百戏，极欢尽兴。在永安殿，穆宗还与中官贵主设"密宴"以取乐，连他的嫔妃都参加。

除此之外，唐穆宗还用重金整修、装饰京城内的安国、慈恩、千福、开业、章敬等寺院，甚至还特意邀请吐蕃使者前往观看。

光 陵

　　光陵为唐穆宗的陵墓，属全国重点文物保护单位。位于陕西省蒲城县北13公里辛子坡村北的尧山之上。

　　光陵依山为陵，方圆约20千米。陵园南北二神门距离2900米，东西二神门距离2350米，陵园东西窄、南北长。现存的西南角阙遗址底径12米、高1.5米。位于皇边村北，南神门北20米为献殿遗址，遗址内有清代毕沅书的唐穆宗光陵石碑。陵区原有石刻，与丰陵相同。现残存四门石狮两对，形制同景陵。石狮高1.75米、宽0.85米，头呈方形，眉脊突起，颧骨突出，躯体肥壮。神道石刻组合同泰陵，东西列间距60米。华表位于乳台阙址北107米，形制与崇陵石望柱相近。

　　光陵还有陪葬墓，据《长安志》载有两座，为恭僖王皇后、贞献萧皇后。《唐会要》卷二十一载，光陵陪葬有恭僖太后王氏和贞懿太后萧氏。现仅于光陵南边的下沟村发现一座陪葬墓。

宋度宗倡导节俭勤政

宋度宗（1240—1274），名赵禥，初名孟启，又名孜、长源。宋理宗没有儿子，收其为养子，先后封为建安王、永嘉王、忠王。景定元年（1260年），被立为太子。理宗于景定五年（1264年）10月病死，他于同日继位，第二年改年号为"咸淳"。

咸淳七年（1271年）正月庚申，宋度宗诏令说："我考虑崇尚节俭必须从宫廷内部做起，从今以后，宫廷里有人胆敢用珠宝、翠玉、金银制品作为头发和衣服的装饰品，必定处罚不宽恕。无论臣僚还是老百姓家庭，都应该体察明白。若有工匠违犯，也按照（仁宗）景佑年间的规定，一定要依据严厉的法制处置。"

后来，他又下令说："有虞氏时代，三年一次考查官吏政绩，通过三次考查，根据官员的昏暗还是英明而决定升降。汉朝要求官吏做子孙的师长，就是尧舜时代流传下来的意向。近年来，官吏习惯于苟且敷衍，人们心里所想的是计算着时间等待提升，事情还没能完成，又企望着另外的职位。大小官员互相亲近而不庄重，私下里玩忽职守，这样我们的老百姓还依靠什么？从现在起，宫内的侍从大臣、京外牧守以上的官吏，调动不能太频繁，他们当中有治理情况卓著的，自然应该特别奖励及提拔。"

■故事感悟

宋度宗在我国历史上算不得一个明君，但他执政之初能够以先贤的教诲为标准，力崇节俭勤政，却是值得肯定的。

■史海撷英

宋度宗宠信贾似道

宋度宗在位期间，封贾似道为太师，对其倍加宠信，甚至将朝政都全权委托给他。贾似道见宋度宗比宋理宗还要昏庸，也就更加专横跋扈，目无君王，稍有不如意，就以辞官相要挟。宋度宗唯恐贾似道不辞而别，所以总是卑躬屈膝地向贾似道跪拜，流着眼泪挽留他，还特授贾似道平章军国重事，许他三日一朝。后来又放宽到十日一朝，而且每次退朝，度宗也总要离座目送他走出大殿，自己才敢坐下。不仅如此，宋度宗又为贾似道在西湖葛岭建造了精美的住宅。贾似道大肆淫乱，导致朝政日益昏暗。

■文苑拾萃

恭和御制赐牟子才韵

（宋）宋度宗

视草词臣地位高，玉堂深夜许焚膏。
文华瑞世呈仪凤，顾问承恩直禁鳌。
喜有奇才追宋轼，光赓圣制胜唐绚。
重修盛典熙朝事，千古青编记宠褒。

王师范满门循规赴死

王师范（877—907），山东青州人。唐末平卢节度使，虽割据称雄，但自命效忠唐朝。出身将门，父亲王敬武，早年为平卢牙将。广明元年（880年），有巨盗洪霸郎聚众在齐、棣二州为祸，平卢节度使安师儒命王敬武讨平之。黄巢进犯长安，各藩镇惶惑无主，往往变易主帅，王敬武于是趁机驱逐安师儒，自称留后。宰相王铎当时掌权，授之以节钺，后因出师勤王，加封太尉、平章事。

后梁太祖开平二年（908年）六月，后梁金吾上将军王师范的家突然被大军包围起来。一群士兵挥锹刨土，在王师范住宅的旁边挖了一个大土坑。随后，后梁太祖朱全忠派来的使者当众宣读敕书，要将王师范灭族。王师范听后，顿时如五雷轰顶。但他很快又反应过来，明白了事情的缘由。

原来，唐昭宗天复三年（903年），唐室衰微，战乱频仍。身为平卢节度使的王师范为了捍卫大唐王朝，毅然举兵讨伐朱全忠。朱全忠派马步都指挥使朱友宁率兵进攻王师范，两军展开了一场厮杀。战斗中，朱友宁身先士卒，率领士兵从山上纵马冲入敌阵。由于山路陡峭，不幸马失前蹄，朱友宁从马上摔了下来，当即被乱兵所杀。朱全忠听说朱友宁阵亡，亲自率领20万大军攻打王师范，王师范战败投降。

朱全忠登基做了皇帝以后，朱友宁的妻子向他哭诉说："陛下夺取天下，朱氏家族都得到恩宠和富贵，只有我的丈夫不幸……现在仇人还在，我恨不得亲手杀了他。"

朱全忠听了，拍着脑袋说："对了，我差点儿忘了这个叛贼！"

说完，朱全忠马上派使者奔赴洛阳。

面对死神，王师范逐渐镇定下来，他对使者说："请再给我一点儿时间。"

然后，他马上让手下准备了一桌丰盛的宴席，让全家族的人依次入座。最后他对使者说："谁都免不了一死，何况有罪的人呢！但我不想让尸体胡乱堆积，长幼无序。"

说完，他让家人依次饮酒，从孩子到老人，从晚辈到长辈，全家200人按次序被带到坑中接受死刑。

■故事感悟

《荀子·君子篇》曰："故尚贤使能，则主尊下安；贵贱有等，则令行而不流；亲疏有分，则施行而不悖；长幼有序，则事业捷成而有所休。"王师范一直以古人的美德要求自己，做到了真正的长幼有序，值得敬仰！

■史海撷英

王师范接掌大权

唐昭宗龙纪年间，王敬武病死，16岁的王师范接掌了父亲的大权。为此，棣州刺史张蟾不服，唐廷便改任原忠武节度使崔安潜为平卢节度使。张蟾派人把崔安潜迎接到棣州，王师范命都指挥使卢宏率兵攻棣州。没想到卢宏叛变，准备率军回袭青州。王师范得知后，遣使重赂卢宏，告诉他说："吾以先人之故，为军府所推，年方幼少，未能干事。如公以先人之故，令不乏祀，公之仁也。如以为难与成事，乞保首领，以守先人坟墓，亦唯命。"

卢宏见王师范的言辞恳切，年纪又轻，就丧失了戒备心。王师范便在要路暗中伏兵，命牙将刘鄩斩卢宏于座上，并诛杀一同叛乱者数人。然后，王师范犒赏士卒，自率大军攻棣州，擒斩张蟾，致使崔安潜遁还长安。

王师范为人文雅，喜欢文学，又有御众之术，军纪严明，因此辖境内人民也都安居乐业，邻境对他也是颇为称颂。

■文苑拾萃

王敬武生平

王敬武是唐末平卢首府青州人，曾在节度使安师儒的帐下为偏校。唐中和元年（881年）前后，青州、棣州爆发农民起义，安师儒命王敬武镇压。王敬武回到青州后，驱逐了安师儒，自任留后。这时，他不想再向唐僖宗效忠，转而投靠数月前攻占长安迫使僖宗逃往成都、自称大齐皇帝的黄巢。负责对黄巢作战的宰相王铎希望王敬武能够反正，于是派都统判官张濬前去劝说他，并授王敬武为留后。

最初王敬武拒绝见张濬，但最终还是见了。张濬斥责王敬武，并说服王敬武所部士兵的立场转向效忠唐朝。王敬武为军心影响，只好接受朝廷的任命，派军助王铎作战。随后，王铎任王敬武为节度使。

唐军收复长安后，王敬武被授予同中书门下平章事的宰相荣衔和检校太尉荣衔。

龙纪元年（889年），王敬武去世，16岁的儿子王师范继位。部将张蟾拒绝承认王师范为继任者，朝廷也想派太子少师崔安潜继任平卢节度使。但在龙纪二年（890年），王师范击败了张蟾及其盟友卢弘。崔安潜逃回长安，王师范控制了平卢。

王安石一生节俭

王安石（1021—1086），字介甫，号半山，封荆国公。汉族。临川人（今江西省抚州市区荆公路邓家巷人）。北宋杰出的政治家、思想家、文学家、改革家，唐宋八大家之一。有《王临川集》《临川集拾遗》等存世。官至宰相，主张改革变法。诗作《元日》《梅花》等最为著名。

宋朝著名政治家、文学家王安石一生致力于变法事业和文学创作，对于吃穿打扮这类事情从来不放在心上。

平时，朋友们看见王安石总是穿着一件旧衣服，有个朋友就说，王安石准是有怪毛病，一定是不喜欢穿新衣服。为了验证这一猜想，有一天趁洗澡的时候，朋友偷偷把王安石的旧衣服拿走，又放上了一套华丽的新衣服。过了一会儿，王安石洗完澡，拿起那套新衣服，连看都没看，穿上就走，他根本没发现自己的衣服被人换过了。这时，朋友们才明白，王安石专心事业，对平时穿什么衣服根本不注意。

至于吃饭，王安石从来也不挑拣，家里做什么，他就吃什么，只要能吃饱就行了。后来，王安石做了丞相，家人们私下传说他爱吃獐脯，这话传进王安石夫人的耳朵里，夫人好生疑惑，心想：相公平日吃东西从来不挑拣，难道做了丞相口味就变了吗？

想到这里，夫人就唤来家人问道："你们怎么知道丞相爱吃獐脯呢？"

家人答道："我们亲眼看到丞相不吃别的，只吃獐脯。"

夫人想了想，又问道："吃饭时，獐脯放在什么地方？"

家人说："放在丞相面前。"

夫人心中一动，吩咐说："明天吃饭时，你们把獐脯放到离他远的地方去，把别的菜放在丞相面前，看看丞相怎样？"

第二天，家人来报告说："我们照夫人的吩咐做了，今天丞相只吃了眼前的菜，那盘獐脯连动也没动。"

身为丞相的王安石，虽官高禄厚，但从不讲究穿、不讲究吃，招待来客也不失节俭。

一次，王安石儿媳家的萧姓公子趁着来汴京游玩的机会，特地穿着华衣锦服来拜相府。这位萧公子在家娇生惯养，吃惯了美味佳肴，这次来相府，满以为会有什么珍馐美味大饱口福，因此一上午禁食节茶，以迎盛宴。

时近中午，仆人来唤，萧公子跟随仆人来到餐厅。出乎公子意料的是，桌上只有几盘家常便菜，几杯薄酒。他有些失望了，但又一想：宰相府焉能如此寒酸！酒过数巡，王安石说了声："进汤饭来！"随后，仆人便把一盆汤和两盘薄饼放在桌上。萧公子彻底失望了，只好拿起一张饼，去掉边和皮，勉强吃了饼心，便撂筷了。萧公子哪里知道，这便饭还是王安石的待客饭呢，他平日才只有一菜一汤。

王安石看了看桌上的残饼，心想：百姓多有食草根、树皮、观音土者，年轻人竟如此不知节俭，怎能兴国立业！

于是，他对萧公子说："公子，你读过唐朝李绅的悯农诗《锄禾》吗？"

萧公子答道："读过。"接着，背了起来："锄禾日当午，汗滴禾下土；谁知盘中餐，粒粒皆辛苦！"王安石捋着胡子说："背得好！公子，你一定知道这诗的含义吧？"

王安石的小儿子抢着说："我知道，是说农夫顶着晌午的烈日去锄禾，汗滴洒在禾苗下面的土里。谁能知道盘子里的饭，一粒粒都是辛苦劳动换来的？"

王安石道："说得好。既然这盘中餐粒粒皆辛苦，我们就把这残饼吃了吧！"说完，拿起一块，大口大口地吃起来。

萧公子也赶快抢着吃……

■故事感悟

王安石牢记前人的优良传统美德，并以行动来教育后辈，让他们见贤思齐，这种举动值得钦佩！我们也要学习王安石的这种作风，时刻谨记圣人教诲，严格要求自己。

■史海撷英

王安石变法

熙宁二年（1069年），由于深得宋神宗赏识，王安石出任参知政事。次年又升任宰相，开始大力推行改革，进行变法。

在变法时，王安石明确提出财政是宰相要抓的头等大事，同时阐释了政事和理财的关系。并且认为，只有在发展生产的基础上，才能解决好国家的财政问题。

执政以后，王安石继续发挥他的这一见解。在改革中，王安石将发展生产作为当务之急，摆在头等重要的位置上。王安石虽然强调国家政权在改革中的领导作用，但他却并不赞成国家过多地干预社会生产和经济生活，反对搞过多的专利征榷，提出和坚持"榷法不宜太多"的主张和做法。

在王安石变法思想的指导下，变法派制订和实施了一系列的新法，从农业到手工业、商业，从乡村到城市，开展了广泛的社会改革。

与此同时，以王安石为首的变法派还对军事制度进行了改革，以提高军队的素质和战斗力，强化对广大农村的控制。为培养更多的社会需要的人才，对科举、学校教育制度也进行了改革。

然而，王安石变法触犯了大地主、大官僚的利益。两宫太后、皇亲国戚和保守派士大夫结合起来，共同反对变法，最终导致变法以失败告终。

刘秉忠劝谏忽必烈

　　刘秉忠（1216—1274），初名侃，字仲晦，邢州（今邢台市）人。元代政治家、作家。元世祖忽必烈即位前，注重物色人才，他与海云禅师一起入见，忽必烈把他留在身边，商议军国大事。忽必烈即位后，国家典章制度，他都参与设计草定。拜光禄大夫太保，参领中书省事，改名秉忠。刘秉忠有很多著名的诗、词和散曲，如《对镜》《秋感》等。

　　13世纪初，崛起于漠北草原的成吉思汗挥师南下，赶跑了黄河北岸的女真人，在邢州设立大元帅府。这时候，勾画大元帝国的刘秉忠降生了。

　　刘秉忠的曾祖父是金朝的邢州节度副使。蒙灭金后，他父亲在邢州元帅府里当军事长官。刘秉忠长大后便在邢州节度府里当了一个小官。

　　时逢乱世，刘秉忠感慨"大丈夫怀才不遇，应当隐居起来寻找机会"，于是他放弃官职上了武安山。过了几年，天宁寺高僧虚照禅师听说刘秉忠是个人才，派弟子请他下山："不要在那里做道士了。"于是，刘秉忠又在天宁寺当了和尚，做了虚照的徒弟，法号子聪。其实道士也罢，和尚也罢，对于刘秉忠来说，出家是假，寻求机会是真。师徒二人游历山西大同，他看南堂寺是个好地方，就居留下来。

1242年，高僧海云印简奉召前往和林漠北王府觐见忽必烈。在路过大同时，海云听说刘秉忠博才多学，便邀其同行前往。能有机会接近蒙古亲王，刘秉忠很高兴地答应了。

忽必烈召见二人后，便问："佛法里有没有安天下的办法呢？"

海云回答道："应该在天下大贤硕儒中求问古今治乱兴亡的事情。"

刘秉忠于书无所不读，尤其精于易经。至于天文地理律历、三式六壬遁甲之术，更是无不精通，因此论天下事如指诸掌，让忽必烈大为赏识。忽必烈便把刘秉忠留在幕府，参与军政大事，令其还俗，赐名秉忠。和林之行，刘秉忠得遇明主，自此改变了自己的命运，同时也改变了蒙古帝国的命运。

蒙哥即位后，忽必烈受命在金莲川设置王府，管理漠南地区，广招汉族人才，开始施展"大有为于天下"的抱负。刘秉忠、姚枢等人辅佐忽必烈，在金莲川制订了"广招天下英俊，讲论治道"的用人方略和施政方针。藩府旧臣、四方文士、大批有识之士迅速云集到忽必烈的王府。由刘秉忠引荐，他的学生、故交如张文谦、张易、李德辉、刘肃、李简、张耕、马亨、王恂、刘秉恕（刘秉忠弟弟）等人，都先后进入王府，为忽必烈献计献策。

刘秉忠向忽必烈进谏说："我听说，'凭借武力取得天下，却不能用武力治理天下'。过去，周武王是兄长，周公是弟弟，周公想为天下办好事，常常夜以继日，每当想出一个主意，都要筹划一整夜的时间。就这样辅佐周天子，才使得周朝延续了800多年，这是周公努力的结果。国君是兄长，大王您是弟弟，想仿效周公去做，就要从现在开始。这是千年难遇的机会，不能错过呀！皇帝应当把天下当成自己的家，把亿万百姓当成自己的子女。国家缺什么，从百姓那里获取；百姓缺什么，从国家那里获取，互相需求应当如同鱼和水的关系一样。拥有国家的人，设置府库、仓廪，储存财物和粮食，是为了救助百姓；拥有百姓的，经营产业，开辟田野，也是为了供给国家使用。有修养的人不会凭一句话就否定一个人，也不会凭一个人就否定他所有的话，广泛地开拓言路，才能统一天下，安抚百姓。广大的天地，明亮的日月，有时也会被遮掩。遮掩天光亮的是云雾，遮蔽人见识的是贪欲和小人的花言巧语。平常的人受了蒙蔽，只能遮住一个人的见识；君主受了蒙蔽，就会遮住整个大卜了。应当经常挑选身边的谏臣，让他们在事情发生之前告诫您，让他们帮您思考、筹划最机密的事情。古代明智的贤王，都不把远处的物产当做珍宝看待，而只重视贤才。如果能见贤思齐，让贤才在其位，能者任其职，这虽然都是单独个人的聪明才智，但却可以成为贤王的得力助手啊。如今穷困的人越发受到损害，而有钱有势的人又越来越多，这就该禁止谋利的人依仗官府的权势，在职的官员也不要侵夺百姓的利益。行商坐贾应与百姓公平交易，不要滋生专断侵夺、欺骗蒙蔽的祸害，这才真正是对国家有利啊。"

蒙哥汗元年（1251年），刘秉忠受封邢州的答剌罕（蒙古贵族称号）。他上表忽必烈，陈述情况，说："邢州连年天灾人祸，百姓逃散，已没有多少户人家了，还是赶快派有能力的官员前来治理吧。"

刘秉忠与张文谦一同向忽必烈推荐熟悉邢州情况的燕赵名士张耕和刘肃，忽必烈采纳了他们的意见，在邢州设立安抚司，派近侍脱兀脱带张耕和刘肃前往。邢州吏治不仅是忽必烈潜邸汉臣的初步贡献，同时也是刘秉忠向事业成功迈出的第一步。

蒙哥汗六年（1256年），忽必烈命刘秉忠在恒州东、滦河北岸的龙岗（今内蒙古多伦附近）兴建都城，三年竣工，命名为开平。蒙古汗九年（1259年），蒙哥汗在南伐南宋的途中战死，忽必烈听从张易的计策，抢在其弟阿里不哥行动之前，从武昌出发，带着刘秉忠、姚枢、郝经、廉希宪、阿合马、董文忠兄弟等重要谋士，日夜兼程，轻骑奔回北方。1260年6月4日，忽必烈在开平即大汗位，设开平府。年号"中统"，取"中原正统"中的两个字，大有囊括天下之意。1264年，忽必烈又改年号为"至元"，取自《易经》中"至哉坤元"。

至元三年（1266年），刘秉忠受命在原燕京城的东北部设计建造了一座新的都城，并将新都命名为大都。郭守敬等人负责都城的水系和建筑材料的运输等问题。这就是明清两朝的皇城，也就是今天的北京。

至元八年（1271年），刘秉忠给忽必烈上了呈文："元正、朝会、圣节、诏赦及百官宣敕，具公服迎拜行礼。"也就是说，按照忽必烈认可的方案，制订典章、朝贺、礼仪制度以及命名国号行朝仪的一系列策划工作已经完成，蒙古大汗可以顺理成章地成为中原正统的至高尊者了。

至元十一年（1274年），刘秉忠随元世祖到上都避暑度夏。同年八月，刘秉忠在南屏山别墅无疾而终，时年59岁。元世祖闻讯非常吃惊，悲痛不已，他对群臣说："秉忠事朕30多年，小心缜密，不避艰险，言无隐情。其阴阳术数之精，占事知来，若合符契，只有朕知道，别人是不会了解的啊。"于是委派礼部侍郎赵秉温护丧，厚葬大都，最终改葬邢州祖茔（今邢台县贾村）。

刘秉忠死后，拜光禄大夫，位太保，参领中书省事，死后赠太傅，封赵国公，谥文贞。到了元成宗时，赠太师，谥文正。元仁宗时，又进封常山王。在元朝，汉人获得这样尊贵荣誉的人，仅刘秉忠一人。刘秉忠生前博才多学，为历来史料所公认证实，这也是他深受元世祖忽必烈信赖和重用的主要原因。

周公可谓是所有领导者的榜样，刘秉忠进谏忽必烈向圣人周公学习用人和管理，最终达到了国富民强的效果。由此可见，一个人要学习成为圣人、君子、贤人和伟人，就必须以先贤为楷模，追求自身的完善。

刘秉忠设计大都

刘秉忠可以称得上是世界史上最伟大的设计师之一，他不但为元王朝建立了一系列的政治制度，还以《周礼·考工记》中关于都城建设为指导思想，对元大都的建造进行了规划和修建，使得元大都成为我国封建社会历代都城中最接近周礼之制的一座都城。

元大都城的平面设计都以汉统治者建都思想为主导，即遵循前朝、后市、左祖、右社之制。新建之城街巷规划极有规律，大街宽24步，小街宽12步。除了大小街之外，还有384火巷、29弄通，都颇为壮观。元大都奠定了近代北京城的雏形，成为当时世界上最大的都市之一。

元大都从1267年开始修建，直到1285年才告完工，历时18年之久。都城城墙周长28千米之多，宫殿巍峨，寺庙雄伟，园圃美丽，街道宽敞，规模宏大，规划整齐。欧洲人马可·波罗在他的《行记》中，对元大都进行了详细的描述，这也引起了西方人对东方帝国的无限神往。

第二篇
效仿先人以正身

伯启败仗善自知

伯启（生卒年不详），史称夏启。大禹之子，母涂山氏。禹病死后继位，成为中国历史上由"禅让制"变为"世袭制"的第一人。在位9年，病死，葬于安邑附近。禹死后，启破坏了禅让制，自行袭位，建立了我国历史上第一个朝代——夏朝。从此，原始社会宣告结束，开始了奴隶社会，启也成为我国历史上第一个帝王（有的史学家认为禹是第一个帝王）。他放弃阳翟，西迁到大夏（今山西省汾浍流域），建都安邑（今山西省夏县西）。

夏朝时，一个反叛的诸侯有扈氏率兵入侵，夏禹派他的儿子伯启率军抵抗。结果，伯启被打得大败，他的部下对此都很不服气，要求继续进攻。

然而，伯启说："不必了，我的兵比他多，地也比他大，却被他打败了，这一定是我的德行不如他，带兵方法不如他的缘故。从今天起，我一定要努力改正过来才是。"

从此以后，伯启每天很早便起床工作。平时也是粗茶淡饭，衣着朴素，并积极任用有才干的人，尊敬有品德的人。过了一年，有扈氏知道后，不但不敢再来侵犯，反而主动向夏朝投降了。

■故事感悟

这可以说是"见贤思齐"的一个典型例子。伯启打了败仗，没有气馁，而是认真总结经验，认为即使是敌人，如果对方有超过自己的长处与优点，也应该认真学习。向敌人学习，并不表示自己无能，而是为了让自己更加强大。善于学习别人的长处，补己之短，这样才能有机会超过对手。

■史海撷英

"公天下"变为"家天下"

大禹治水之后，便深受人们的拥护，因此根据禅让制做了舜的继承人。

大禹在位时，曾将当时的中国划为九个州，这大概也就是"九州大地"的来历。同时，他还制定了各种制度，为夏朝的建立奠定了一定的基础。

大禹死后，他的儿子启继承了权位。启在与伯益争夺权位的斗争中获胜，而且杀死了伯益，而伯益本来是大禹按照禅让制所选定的传位对象，可启的即位打破了禅让制，成为历史上王位世袭继承制的开端，也就是"公天下"变成了"家天下"。启在位期间，完成了夏朝的建立，而且使夏朝走上了鼎盛时期。

孔子虚心拜师

孔子（公元前551—前479），名丘，字仲尼。春秋时期鲁国人。孔子是我国古代伟大的思想家和教育家，儒家学派创始人，世界最著名的文化名人之一，编撰了我国第一部编年体史书《春秋》。据有关资料记载，孔子出生于鲁国陬邑昌平乡（今山东省曲阜市东南的南辛镇鲁源村）；孔子逝世时，享年73岁，葬于曲阜城北泗水之上，即今日孔林所在地。孔子的言行思想主要载于语录体散文集《论语》及先秦和秦汉保存下来的《史记·孔子世家》之中。

孔子是中国古代的大教育家、大思想家，儒家学派的创始人。

人们经常问孔子："你的老师是谁呢？"

孔子说："我不是生而知之者，是学而知之的人。"

孔子又说："三人行必有我师焉。择其善者而从之，其不善者而改之。"

孔子不仅这样说，也是这样做的。因家境清贫，他15岁时才有志于学问。为了弄懂"礼"，孔子从山东走到河南，拜李耳（老聃）为老师。

老聃为孔子讲学。临别时，老聃说："富贵的人送人以钱财，有学问的人送人以言……我送给你几句话吧：聪明深察的人，易遭杀身之祸，因为他好评论人；博学善辩的人，易危害自身，因为他好揭发别人的短处。为人子、人臣不要有这些事而存身以尽孝尽忠，不要只顾自己，坚持个人意见。"

这席话让孔子受益不浅。

古人讲究礼乐，所以为了学乐，孔子又拜鲁国的乐官师襄子为师。

开始学琴时，一连十几天都是反复弹拨同一支琴曲。师襄子见孔子弹得已经十分娴熟了，便对他说："你可以换一支曲子进一步练习了。"

孔子却回答说："我只学会了乐曲的表面形式，对节奏内容还不了解。"于是，孔子又继续练习。

又过了些天，师襄子倾听琴音，认为孔子已经领会了乐曲的意境，可以学习更复杂一些的乐曲了。

孔子微微地摇摇头，说："我虽然体会了乐曲的意境，但作曲的是个什么样的人，还没有体会出来。"

又弹了一些时间，孔子才轻轻地放下琴，站起来望着窗外若有所思。

师襄子问他有什么体会，孔子说："我倾听着琴音，似乎看到了一位个子高大、目光远大、慈爱安详的长者。这不是周文王又是谁呢？"

师襄子称赞道："你说得完全对啊！"就这样，孔子学会了乐，并且十分精通。

之后，孔子又拜苌弘为师。

苌弘是当时的一个大音乐家，对音乐有着很深的造诣。孔子拜他为师，请教律吕之学。孔子非常虚心地听取苌弘的指导，不懂就问。他说："勤学，不耻下问，才能学到本领。"

孔子不仅是这样说的，也是这样做的，最终他也取得了青出于蓝而胜于蓝的成绩。

由于孔子多方面拜能者为师，掌握了多种学问和本领，最终成为古今中外的大思想家、大教育家、大学问家。

■故事感悟

孔子是见贤思齐的典范。他虚心拜师，刻苦学艺，表现出了一个人高尚的道德素养，也表现出了一个人对事业的态度。人虽为万物之灵，却是千姿百态，表现各异，但是人与人之间的智慧是没有太大差别的，重要的差别在于如何在社会生活中学习，如何向别人学习，向有一技之长的人学习，特别是向那些社会的精英们学习。

■史海撷英

孔子游春

有一年春天，孔子听说泗水正在涨春潮，便带着弟子们到泗水河边游玩。在绿草如茵的河畔，弟子们都围在老师身旁，有的蹲着，有的坐着。老师拨动琴弦，弟子们便跟着唱起歌来，歌声融入到温暖的春天里。泗水河畔，洋溢着浓浓的师生情谊。

过了一会儿，弟子们便三三两两散开了，有的采花，有的捕蝶，有的垂钓，有的戏水，只有颜回和子路还在身旁陪伴着老师。这时，孔子随便问了一句："可以说说你们的志向吗？"

子路是个急性子，老师的话音未落，他就开了腔："我愿意把车马、衣服拿出来跟朋友们一块儿享用，就是用坏了、穿破了我也不会在意。朋友之间就应该有福同享嘛。"

温文尔雅的颜回经过深思熟虑，从容不迫地说："我希望成为一个不为自己表功的人。"

孔子用赞许的眼光看着他们，微微地点了点头。

子路问道："老师能和我们说说您的志向吗？"

孔子微笑着说："我就盼望着有那么一天，所有人在晚年的时候都能够安享幸福，朋友之间都能够互相信任，年轻的子弟们都能够拥有远大的理想。"

"颜回呀，听说你把自己的志向写进了一首歌里，何不唱给老师听听？"孔子说着，将琴推到颜回面前。颜回也不推辞，他调好琴弦，一边弹一边唱。孔子先是侧耳倾听，过了一会儿，竟然情不自禁地跟着琴声手舞足蹈起来。

■文苑拾萃

经鲁祭孔子而叹之

（唐）唐玄宗

夫子何为者，栖栖一代中。
地犹鄹氏邑，宅即鲁王宫。
叹凤嗟身否，伤麟怨道穷。
今看两楹奠，当与梦时同。

孙权修宫殿用旧料

孙权（182—252），字仲谋。汉族。吴郡富春县（今浙江富阳区）人。三国时期吴国的开国皇帝，传说是中国兵法家孙武的后裔。长沙太守孙坚次子，幼年跟随兄长吴侯孙策平定江东。200年，孙策早逝，孙权继位为江东之主。208年，孙权与刘备联盟，并于赤壁击败曹操，天下三分局面初步形成。219年，孙权从刘备手中夺得荆州，使吴国的领土面积大大增加。222年，孙权称吴王。229年，称帝，正式建立吴国。

魏齐王正始八年（247年），吴大帝孙权下令修缮建业的宫殿，但他不让人伐取新的木料，而是到武昌拆除那里的宫殿，把那些砖瓦木材运来使用。负责工程的官吏禀告说："武昌宫殿已经建成28年，砖瓦木料都很破旧，恐怕不能再用。陛下为什么不让下面的州县送来新的木料呢？"

孙权摇摇头说："古时候，大禹就以宫室卑下为美，我也应该这样。再说，现在连年征战，已经向全国征收了不少赋税。要是再让各地砍伐木材，妨害农林生产，百姓的日子就更苦了。我看，武昌宫殿的旧砖木还是可以用的。"

于是，孙权迁居南宫，马上进行施工前的准备。

三月，建业的太初宫改建工程动工了。孙权为了减轻百姓的负担，还命令将领和各州郡的官员都来义务劳动。

□故事感悟

孙权见贤思齐，以大禹的简朴为楷模来要求自己，并真正做到了节俭治国。在当今社会，有很多领导干部骄奢淫逸，贪图享受，这种现象实在让我们痛心。希望我们的领导干部也以大禹、孙权为楷模！

□史海撷英

孙权夺荆州

赤壁之战后，孙权便下定决心夺取荆州。开始时，孙权担心自己的军队无法打败关羽的守军，一时没有什么良策。这时，大将吕蒙献出一计："现在关羽正在围攻襄樊，但他却在荆州保留了重兵把守，没将军队全部调往襄樊，主要是为了防备我们偷袭。现在我先假装有病请假回都城休养，关羽对此不会有怀疑的，因为他知道我平时就有病，回来时我再带走一部分军队迷惑他。这样，关羽必然会放松荆州的警惕性，然后肯定会将大部分军队调往襄樊去的。那时候我们便可以在夜间偷偷进军，偷袭荆州必然成功，荆州就会落入我们手中，也能将关羽斩杀。"

吕蒙和孙权依计策行事，等吕蒙回来后，孙权便派了一位无名的儒将陆逊去接替吕蒙的职位。陆逊到任之后，马上给关羽写了一封信，极力吹捧关羽，说他神勇无敌，自己仰慕已久，希望以后有机会多多指教。关羽见信后，便信以为真，放松了警惕，就像吕蒙预料的那样，将荆州的大部分兵力都调到襄樊助攻去了。

孙权得到信息之后，马上发兵。他命吕蒙为先锋，沿江前进，趁黑夜俘虏了江边的守军，然后向荆州其他地区进军。等东吴的进军到南郡时，守城的糜芳非常吃惊，没想到江东的军队会来。因为原来就和骄横的关羽有矛盾，加上兵力少无法守城，糜芳便开城门投降了。吕蒙对关羽的部下很照顾，没有妄加杀戮，荆州就这样被孙权夺取了。

■ 文苑拾萃

南乡子·登京口北固亭有怀

（宋）辛弃疾

何处望神州？满眼风光北固楼。
千古兴亡多少事？悠悠。
不尽长江滚滚流。
年少万兜鍪，坐断东南战未休。
天下英雄谁敌手？曹刘。
生子当如孙仲谋。

刘毅直言司马炎

司马炎（236—290），字安世。河内温（今河南温县）人。晋朝的开国君主。265年，他继承父亲司马昭的晋王之位，数月后逼迫魏元帝曹奂将帝位禅让于他，国号大晋，建都洛阳。279年，他又命杜预、王濬等人分兵伐吴，于次年灭吴，统一全国。290年病逝，谥号武皇帝，庙号世祖，葬峻阳陵。

西晋武帝太康三年（282年）正月初一，晋武帝司马炎到南郊祭祀。仪式结束后，他感慨地问司隶校尉刘毅："朕可以和汉代的哪个皇帝相比？"

刘毅回答说："可以和桓帝、灵帝相比。"

司马炎不快地说："不至于到这个地步吧。"

刘毅说："桓帝和灵帝卖官鬻爵的钱都进了官府的仓库，而陛下呢，都进了个人的腰包。从这一点上看，陛下恐怕还不如桓帝、灵帝。"

司马炎笑着说："桓帝、灵帝的时代，可听不到这样的直言，这说明朕已经胜过桓帝和灵帝了。"

司马炎作为一国之君，能够询问官员对自己的评价，而刘毅也能直言不讳，可见其还有可赞赏的一面。总体来说，司马炎还是想效仿古人，做一个好皇帝的。

司马炎登基

265年，司马昭病死，其子司马炎继承了相国晋王位，掌握了全国的军政大权。经过精心的准备，同年12月，司马炎仿效曹丕代汉，为自己登基着手做准备。在司马炎接任相国后，便开始有一些人受司马炎的指使，劝说魏帝曹奂早点让位。

不久，曹奂便下诏书，说："晋王一家世代辅佐皇帝，功勋高过上天，四海蒙受司马家族的恩泽，上天要我把皇帝之位让给晋王，请顺应天命，不要推辞！"

司马炎假意多次推让，而司马炎的心腹太尉何曾、卫将军贾充等人，带领满朝文武官员再三劝谏，司马炎才接受魏帝曹奂禅让，封曹奂为陈留王。司马炎登上帝位后，改国号为晋，史称为西晋，晋王司马炎便成了晋武帝。

陈元达秉直冒死劝谏

陈元达（生卒年不详），字长宏。匈奴后部人，五胡十六国匈奴汉国刘渊的重臣。历任黄门郎、廷尉、左司隶校尉、御史大夫、仪同三司等重要职务。在匈奴汉国政治秩序极为混乱时，为政治风气的净化、政治改革的推行提出了自己的方案。刘聪即位后，因苦谏不从，忧愤而死。

刘聪是匈奴汉国开创者刘渊的第四个儿子，自幼聪慧好学。永嘉四年（310年），匈奴汉国君主刘渊死后，由太子刘和继位，刘聪便杀死刘和自立，改元光兴。

即位后不久，刘聪便逐渐骄横起来。因为温明、徽光两座宫殿没有按期竣工，他就杀了将作大匠靳陵；他爱吃的鱼蟹供应不上，就又杀了左都水使者刘摅；他还心血来潮，跑到汾河岸边去观看捕鱼，连夜晚也不回宫。

中军大将军王彰对他说："陛下近来的行为，令人痛心疾首。百姓并未死心塌地地依附大汉，还有人对晋朝恋恋不舍。刘琨的兵马近在咫尺，陛下怎能轻率出行呢？"

刘聪勃然大怒，叫人把王彰拉出去斩首。王彰的女儿急忙赶来为父亲求情，王彰才免于一死，被关押起来。

刘聪的母亲看到儿子才当上皇帝就滥施淫威，气得三天没有吃饭。皇太弟刘义、单于刘粲抬着棺材冒死劝谏刘聪。刘聪大骂道："我又不是桀、纣，犯不上这么小题大做。"

太宰刘延年、太保刘殷带领公卿大臣100多人，都摘去官帽来到朝堂，哭着说："陛下功高德厚，为什么因一点儿小事就妄杀王公大臣？"

刘聪看到众意难拂，就顺水推舟地说："前几天醉酒，才做了那些蠢事，多亏你们指出了我的过失。"于是，他赏赐给每个人100匹绢帛。

刘聪又派侍中拿着符节去赦免王彰，随后，召王彰进宫，对他说："你对汉室立下的功劳，我怎么能忘记呢？以后我有过错，还请你指正。"他又提升王彰为骠骑将军，把王彰封为定襄郡公。

西晋愍帝建兴元年（313年）三月，刘聪把贵嫔刘娥立为皇后，下诏为她建造凰仪殿。廷尉陈元达上书说："陛下受命于乱世，所占有的地方不过是汉文帝时的两个郡。现在晋朝的残余还在，李雄占据巴蜀，石勒、曹嶷的贡奉也越来越少，这一切足以令人担忧。陛下自即位以来，已经建了40多座宫殿，难道还嫌不够吗？"

刘聪怒声喝道："我身为天子，建一座宫殿，难道还要经过你批准吗？"说着，他回头命令侍从，"把他拖出去杀了！灭族！"

陈元达进殿时，事先准备了一条锁链。他听到刘聪的命令后，立刻跑到堂下，把自己锁在一棵树上，高声喊道："我为社稷劝谏陛下，陛下却要杀我，我能和龙逢、比干同游，心满意足啦！"

刘聪的侍从想把他拉出殿外，可是怎么也拉不动。

这时，大司徒任顗，光禄大夫朱纪、范隆，河间王刘易一起来晋见刘聪，为陈元达求情。他们说："陈元达是先帝所器重的大臣，他对汉室竭忠尽力，知无不言。我们这些人尸位素餐，每次见到他都感到非常惭愧。希望陛下宽恕他的鲁莽直率。"

刘聪沉默不语。

刘皇后在后宫得知此事，急忙亲笔写了一份奏章，让人立刻送给刘聪。奏章上说："陛下为我建造宫殿而杀谏臣，我将成为万人唾骂的罪人。我实在没有脸面再侍奉陛下。如果陛下不接受陈元达的劝谏，我也只能以死来替陛下补过了。"刘聪看完奏章，神色大变。

任顗等人还在不停地叩头，以至于把头磕破，血流满面。刘聪看着他们，慢慢地说："我最近因为中风，常常控制不住自己的情绪。陈元达是忠臣，各位磕破头让我了解了陈元达是忠臣。"

说罢，他让任顗等人整理好衣帽，把陈元达也叫来，然后，拿出刘皇后的奏章给他们看，说："外有大臣的直言劝谏，内有皇后的深明事理，我还有什么可忧虑的呢？"

刘聪让人拿出粮食和绢帛，赏赐给任顗等人。因为陈元达和刘聪的这场争执发生在逍遥园李中堂，刘聪又下令把逍遥园改名为纳贤园，把李中堂改名为愧贤堂。

刘聪对陈元达说："你本来应该怕我，现在我反倒怕你了。"

□故事感悟

其实，刘聪不是真的怕了，而是为这些忠臣的举动所感动。这些忠臣为了国家社稷而舍生取义，所以刘聪"怕"他们了，也明白了自己该如何去做。

刘聪即位

刘聪年轻时，经常到洛阳京城游历，广结名士、豪杰，被新兴的太守郭颐辟为主簿，这也成为刘聪政治生涯的开端。之后，刘聪逐渐被提升为骁骑别部司马、匈奴右部都尉等。

永平元年（291年），八王之乱爆发。此后，刘聪又先为河间王司马颙赤沙中郎将，后又归依成都王司马颖，被拜为右积弩将军。

永嘉四年（310年），匈奴汉国君主刘渊死后，刘聪杀掉即位的太子刘和自立，改元光兴。尊刘渊妻单氏为皇太后，其母张氏为帝太后，刘义为皇太弟，领大单于、大司徒，立妻呼延氏为皇后，以子刘粲为抚军大将军，都督中外诸军事。

六朝门前赵刘聪

（唐）周昙

戎羯谁令识善言，刑将不舍遽能原。
垂成却罢凤仪殿，仍改逍遥纳谏园。

石勒贵有自知之明

石勒（274—333），即后赵明帝，字世龙，原名匐勒。上党武乡（今山西省榆社县）人。出身最低微的国君，羯族人。幼年时与同乡在洛阳做小贩，打零工。20岁时被人卖到山东为奴隶，后与汲桑聚众起义。不久投奔刘渊，被封为大将。319年自称赵王，建立政权，史称后赵。在位14年，促进了各民族的大融合。

后赵吞并前赵后，后赵群臣拥立后赵王石勒为大赵天王。

不久，石勒正式登基做了皇帝。

有一天，他大宴群臣。席间，他问记室徐光："我可以和古代的哪个帝王相比？"

徐光回答说："陛下雄才大略超过汉高祖，其他帝王无法和陛下相比。"

石勒笑着说："人贵有自知之明，徐卿的话太过分了。我如果遇到汉高祖，应当向他北面称臣，和韩信、彭越同列比肩。如果遇到汉光武帝，将和他逐鹿中原，但不知鹿死谁手。"

石勒雄霸一方，成就了自己的功业，但他有自知之明，以汉高祖、光武帝为自己的目标，积极向先贤去学习、比较，体现出了见贤思齐的精神。

■史海撷英

石勒求贤纳谏

石勒在位期间，曾准备到襄国的近郊去打猎。这时，主簿程琅劝谏他不要去，并举孙策行猎遇刺为戒，认为即使是枯木朽株，也可能暗藏危险。石勒认为，这完全是书生之言，不听。等到打猎时，石勒所骑的马触木而毙，石勒自己也几乎丧命，因而他开始懊悔没有听信忠臣之言，是自己的过失。回来后，石勒立即封程琅为关内侯，并赐以朝服锦绢等物。遂成"朝臣谒见，忠言竞进"之风。

此后，石勒认真听取谏言。太和二年（329年），石勒在巡行州郡时，引见了高年、孝悌、力田、文学之士，赐予谷帛；并令刺史太守宣告所属，凡有意见要说的，不要隐讳不说，朝廷正如饥似渴地希望听到忠言谠论啊！

咸和六年（331年）三月，石勒打算营建邺宫，准备迁都于此，而廷尉续咸上书切谏。石勒大怒，要杀了他。徐光力救，劝石勒不可因为直言就杀掉列卿。石勒叹息地说："为人君，不得自专如是！岂不识此言之忠乎，向戏之耳！"

虽然石勒暂时停建了邺宫，但他还是赐予续咸绢百匹、稻百斛，以为奖赏。并且，他又借此机会下令与公卿百寮，每岁推荐贤良方正、直言秀异、至孝廉等各一人。所考试的答策为上第者拜官为议郎，中第者为中郎，下第者为郎中，并令"其举人得递相荐引，广招贤之路"。

□文苑拾萃

题石勒城二首

（唐）吕温

长驱到处积人头，大旆连营压上游。

建业乌栖何足问，慨然归去王中州。

天生杰异固难驯，应变摧枯若有神。

夷甫自能疑倚啸，忍将虚诞误时人。

高欢信用人才

高欢（496—547），北齐神武帝，鲜卑名为贺六浑。祖籍渤海郡蓨县（今河北景县南），世居怀朔镇（今内蒙古自治区包头东北，也作绥远固阳），成为鲜卑化的汉人。东魏王朝的建立者和实际统治者。

孙搴是东魏丞相高欢的主簿，他是个精明强干的人，高欢对他十分满意。然而，他在和大行台尚书司马子如、司徒高季式一起喝酒时，因为喝得太多，居然死了。高欢亲自到孙搴的灵堂哀悼，司马子如向他叩头请罪。

高欢说："你折断了我的右臂，就得给我找一个能替他的人！"

司马子如就推荐中书郎魏收，然而，魏收干得远不如孙搴。

有一天，高欢对高季式说："你喝酒害死了孙主簿，眼下魏收管理文书实在不行。司徒以前曾说过有一个人做事谨慎严密，他是谁？"

高季式回答说："是司徒记室陈元康。这个人不光办事有效率，还有个本事，能在夜晚没有光亮的情况下写东西。"

高欢就任命陈元康为大丞相功曹，很快又提拔为大行台都官郎。

这个陈元康的确不同凡响，凡是朝政大事，他都了若指掌，有问必答。

高欢曾经外出，在马上口头下达了90多条指示，陈元康全都记在心里，一字也不漏。而且，他生性柔顺谨慎，高欢非常看重他。

高欢经常对人感叹地说："这样的人才实在难得，是上天赐给我的。"

■故事感悟

对于一国君主来说，任用贤人、能人可以帮他保住江山社稷。打江山难，保江山更难，高欢为失去"臂膀"而难过，也为得到"臂膀"而高兴，心情是可以理解的。

■史海撷英

高欢调和胡汉矛盾

高欢在位期间，深知属下鲜卑士兵与汉人之间的矛盾。为此，他左右逢源，对鲜卑人说："汉人是你们的奴仆，男人为你们耕作，女人为你们织衣，上交粟帛赋税让你们温饱无忧，为什么还要欺凌他们呢？"接着，他又对统下的汉人说："鲜卑人是你们雇佣的兵客，得到你们一些衣物吃食，为你们防盗击贼，能保你们安宁度日，为何要那么恨他们呢？"

对于迂腐不知变通的汉族大臣，高欢也想方设法予以说服。有一次，高欢要出门打仗，一位名叫杜弼的大臣请求高欢在出征前先消除内贼。高欢便问这内贼是什么人。杜弼说，就是那些掠夺百姓的鲜卑贵族。高欢没有立刻予以作答，而是下令营中军士都搭弓上箭，高举大刀，握鞘向前，夹道层层而立。接着，他命令杜弼在行列中来回走动一次。

杜弼是个书生，哪见过这种阵势，顿时吓得浑身哆嗦，冷汗直流。见此，高欢便对杜弼说:"即使搭箭不射，持予不刺，举刀不砍，你都被吓得这样失魂落魄了。诸位勋贵将领在战场上冲锋陷阵，百死一生，虽然有人可能有些贪污冒抢的行为，但与他们平时的战功相比，怎能相提并论!"

杜弼听后，立即跪地顿首，为自己冒失的举谏表示道歉。高欢处理此事一举两得，既堵住了谏官的嘴，又收买了鲜卑军士的心。

■文苑拾萃

咏史下·高欢

（宋）陈普

段韶谷刹千金铸，彭乐丁公七宝装。
虎子得来成底事，何如抱犊卧云岗。

夏侯端宁折不弯持节

夏侯端（？—627），祖籍谯郡铚城（今安徽省濉溪县临涣）。梁朝时尚书左仆射夏侯详的孙子，在隋朝做大理司直一官。

唐高祖时期，大理司直夏侯端在兵马护送下，奉命到各州县传递檄文，有20多个州县派使者到长安表示归附大唐。夏侯端请求带着符节和招抚的手谕去招降，于是唐高祖李渊便拜他为大将军，让他担任河南道招慰使。

夏侯端在走到谯州时，因汴州和亳州向郑帝王世充投降，他返回长安的路便被切断了。夏侯端被困在沼泽中，粮食快吃完了，而他的2000多名士兵仍然跟随他。他杀了马匹犒劳士兵，流着泪说："我身奉王命，必须持节自守。你们都有妻儿老小，不必仿效我。长期困在这里，难免一死。请你们砍下我的头献给贼人，你们一定会得到富贵的。"

士兵们听了夏侯端的话，都泪如雨下，说："夏侯公不是什么皇室宗亲，为了忠义却要牺牲自己。我们虽然地位卑微，但都有良心，怎么能害了夏侯公去求得自己的私利呢？"

夏侯端说："既然你们不忍心杀我，我就自刎！"

说着，他便拔出佩剑要自尽，却被士兵死死抱住。大家在沼泽地中艰难地行走，既要忍受饥饿的折磨，又要对付王世充军队的追杀。5天后，跟随夏侯端的士兵只剩下52人了。

一路上，夏侯端始终手持着作为使臣信物的旌节。当时，河南除了杞州外，其他地区都是王世充的势力范围。杞州刺史李公逸派兵迎接夏侯端，王世充也派人用官职收买他。

夏侯端当着王世充使者的面，烧了王世充给他的诏书，怒斥道："我是天子的使节，怎么能接受贼人的官职？除非杀了我！"

夏侯端取下旌节上的旌藏在怀里，把刀插在节竿上，披荆斩棘，昼夜兼程，返回长安。随行的士兵有的被虎狼吃掉，有的坠崖溺水，活着的只有20多人，个个都是鬓发脱落，全没了人样。夏侯端觐见李渊后，丝毫不提一路的艰辛，只是抱憾自己没有完成使命。

故事感悟

夏侯端在王世充的威逼利诱之下始终不为所动，依旧手持使臣信物旌节，为完成自己的任务而大义凛然，表现出了顽强的毅力和不屈的气节。

史海撷英

夏侯端与李渊

唐高祖李渊在未显贵时，与夏侯端就是朋友。大业中期，李渊到河东讨贼，上表让夏侯端任副将。

　　起义军兴起后，夏侯端在黄河以东，官吏把他捉到并送往长安。李渊进入京师后放了他，引他入自己的内室，提升其为秘书监。

　　夏侯端善于占及相人，他曾对李渊说："今玉床摇动，帝座不安，参墟得岁，必有真人起于其分，非公而谁乎！主上猜忍，尤忌诸李，金才既死，公不思变通，必为之次矣。"李渊深信不疑。

董俊的为人处世

董俊（1186—1233），字用章。金真定藁城（今属河北）人。元朝大将。1219年，董俊升任中山府（今河北定县）事，佩金虎符。他与金真定守将武仙对峙，在曲阳大败武仙。1225年2月，武仙杀史天倪反叛蒙古，再投金朝。董俊孤军坚守，后更拥护史天泽为主帅攻克真定，帮助史天泽稳定了河北局势。1232年，他参与围攻汴京之役。1233年，金帝逃奔归德，他又追击围攻，死于战阵。

董俊在少年时期以种田为生，成年后，他才开始浏览史书，并学会了骑射。在蒙古代金后，河北地区大乱，藁城立靶募兵，董俊挽强弓一发中的，受募领兵。

1215年，木华黎率兵南下，董俊率军投降，此后成了一位著名的世侯。

董俊为人忠实，丝毫不为艰难险阻而改变；在与敌人作战时，勇气也是震慑众人；立于弓箭飞石之间，更是镇定自若，即使受伤也不为所动。

董俊经常表示自己很钦佩马援的为人，并说："马革裹尸，马援确实可以称得上悲壮。"所以每次作战，他都一定拿着兵器身先士卒地冲在前面。

有人劝告董俊不要这样做，董俊说："我是皇上的臣子，大敌在前，不战死，难道还贪求平安，远离危险吗？"

起初，大臣和将领们都纷纷在行宫朝见皇上。众位将领进献户口册，都加大户口数目以邀功请赏，董俊的下属官吏也请求董俊像其他将领一样呈报户口数目。董俊说："百姓人口确实少，而撒谎多报人数，将来皇上所需要的东西无法征得，就要加重征收才能够完成皇上的诏命。那么这只是我一个人获得好处，而老百姓却日益贫困了呀！"

董俊在掌管元帅府的时候，有300多名狂妄的男子约定叛乱。叛乱被镇压后，董俊只诛杀了他们的首领，其余的人都被释放了。深州、冀州有妖人蛊惑民众，图谋不轨，官府接连逮捕了数万人，有关部门建议全部诛杀。董俊极力恳请主持这一案件的主管者，只诛杀为首的作恶者就行了。永安节度使刘成在威州叛变投降武仙，董俊下令说："叛变的只有一个人，其余的人只要能离开叛变者，就是忠义之士，归还其家产，并仍上奏朝廷委任为官。"部众果然都离开刘成，归降了董俊。

当时，沃州有不少百姓都在天台山盘踞做盗匪。在击破盗匪的营寨后，其他将领要盗匪的子女给自己做奴仆，并想抢掠山寨。董俊说："敌城已经投降，而还要俘掠百姓，这是仁慈的人不应该做的事。"众将便基于道义而没有抢掠。

董俊南征时，百姓都愿意归附他，做他的奴仆，董俊便保全他们的家人，返回后将他们都释放为民。邻境的百姓有的被俘获出卖，董俊也拿出钱赎回他们，并让他们各自回家。

□ 故事感悟

董俊以马援为榜样，做到了见贤思齐，并受到了百姓的称赞。只有

"见贤"，才能找到真"贤"，"思齐"才能学有所获、学而受益，从而不断提升自身的素质，完善自己的人格。我们也当以董俊为榜样，传承和弘扬见贤思齐的精神。

■史海撷英

董俊忠勇

董俊一生，为蒙古的建立立下了汗马功劳。他临阵作战时，总是身先士卒，勇气慑众；且器度弘远，善战而不妄杀。在南下伐金时，收归为奴者，他最后都将其释放为民。

作为一个汉人世侯，董俊不是势大权重者，但他却以忠孝著称于世。攻克汴京时，他将儒士侍其轴延归藁城，教授诸子。他曾说："射，百日事耳；《诗》《书》，非积学不通。"而董俊的子女有9人，分别为文炳、文蔚、文用、文直、文毅、文振、文进、文忠、文义。其中，文炳、文用与文忠都很出色。

■文苑拾萃

双调·蟾宫曲·叹世

（元）马致远

咸阳百二山河。
两字功名，几阵干戈。
项废东吴，刘兴西蜀，梦说南柯。
韩信功兀的般证果，蒯通言那里是风魔。
成也萧何，败也萧何，醉了由他。

耿仁智守信念不惧死

耿仁智（生卒年不详），唐朝安史之乱时期史思明的幕僚。

广平王李俶进入东京洛阳时，曾经归降安禄山的陈希烈等300多官员主动向李俶请罪。李俶赦免了他们，把他们送回长安。然而，唐肃宗李亨分别用斩首、赐死、杖责、流放、贬官等方法加以处治，其中陈希烈等7个人被赐死。

唐肃宗乾元元年（758年）夏天，御史台、中书省和门下省三司有关处治投敌官员的文书传到范阳，史思明看得心惊肉跳。联想到不久前发生的范阳节度副使乌承恩的事件，他心里更加害怕，不由得对部下将领们说："陈希烈这些人都是朝廷重臣，他们尚且不免于一死，何况我们这些跟随安禄山一起反叛的人呢！我们恐怕不能指望朝廷了。"

将领们纷纷请求史思明上书朝廷，要求杀死乌承恩的幕后指使者李光弼。史思明就让节度判官耿仁智和幕僚张不矜起草奏章，奏章里说："陛下如果不能处死李光弼，那么我将率兵前往太原，亲手杀他。"

张不矜把拟好的奏章让史思明过目后，耿仁智趁人不备，悄悄删去那些话。负责抄写奏章的人把这事禀告了史思明，史思明气得拍着案几大喊:"好大的胆子!把这个家伙给我杀了!"

命令下达之后,史思明又有些后悔了,耿仁智毕竟是他手下的一位重臣,他不忍心杀他。于是,他又把耿仁智召进来说:"30多年来,我一直十分器重你,今天的事,不是我对不起你。"

耿仁智斩钉截铁地说:"人总有一死,要是为忠义而死,便死得其所。我效仿古人的作风,死得其所!我要是再跟随你反叛,不过是苟延残喘。与其那样,不如立刻死掉。"

史思明听后,气得半晌说不出话来,下令用乱棍打死了耿仁智。

■故事感悟

耿仁智乃大丈夫也!他始终以古人的铿锵气节为楷模,坚守信念,杀身成仁。我们在缅怀他的同时,也要见贤思齐,继承和发扬这种伟大的精神!

■史海撷英

安史之乱

唐玄宗统治后期,任用李林甫、杨国忠等宠臣,生活腐败,自恃强盛,锐意开发边疆,使得边镇节度使增至10个,拥兵达49万,最终导致外重内轻,为边疆割据创造了条件。

天宝十四年(755年)十一月,史思明与安禄山一道诈称奉密旨讨伐杨国忠,结果在范阳起兵15万南下反唐,叛军很快就席卷到河北省境内。这就是历史上著名的"安史之乱"。

在攻打京城长安(今西安市)时,都是史思明当先锋。第二年,叛军攻下洛阳,安禄山在洛阳称大帝,命史思明经略河北,封他为范阳节度使,占有13郡,拥有兵马8万余众。安禄山造反后,史思明一军为先锋,开始所向皆捷，攻陷饶阳诸郡。一直到天宝十五年（756）初，史思明才在常山被李光弼、郭子仪合军击败，逃至博陵。

本来叛军就要被李光弼消灭了，忽然哥舒翰兵败潼关的消息传来，李光弼便回军援助。史思明闻讯后，蹑后追击，大破唐军刘正臣部。由于史思明所率的兵士是安禄山叛军的精锐部分，所以他们乘胜进击，攻下了常山、赵郡、河间等地，大破颜真卿部下和琳的1.2万余唐兵。

紧接着，史思明又率部攻下清河。在信都，史思明又把自己的老上司乌知义的儿子乌承恩包围在城里，掠其母、妻、儿子。在不得已的情况下，乌承恩投降，史思明便"与之把臂饮酒"。

肃宗至德二年（757年），史思明包围了李光弼驻守的太原城，但最后反而被李光弼用"地道战"打得大败。当年十月，安禄山被自己的儿子安庆绪等人杀死，史思明也顿时起了自立之心。

■文苑拾萃

樱桃子诗

（唐）史思明

（题注：思明在东都，遇樱桃熟，其子在河北，寄之，因作诗同去，诗成，众皆赞美之，曰："此诗大佳，若押作一半周至，一半怀王，即与黄字声势稍稳。"思明大怒曰："我儿岂可居周至之下。"）

樱桃一笼子，半赤半已黄。
一半与怀王，一半与周至。

朱元璋以先贤正身

朱元璋（1328—1398），明王朝的开国皇帝，原名重八，后取名兴宗。濠州（今安徽凤阳县东）钟离太平乡人。25岁时参加郭子兴领导的红巾军反抗蒙元暴政。龙凤七年（1361年）受封吴国公，十年自称吴王。元至正二十八年（1368年），在基本击破各路农民起义军和扫平元朝的残余势力后，于南京称帝，国号大明，年号洪武，建立了全国统一的封建政权。朱元璋统治时期被称为"洪武之治"。死后葬于明孝陵。

明太祖朱元璋自我期望像汉高祖刘邦一样。他曾经对孔克仁说："秦朝的政治暴虐，汉高帝以平民身份兴起，用宽大策略驾驭众位英雄，因而做了天下的君主。当今英雄豪杰蜂拥而起，都不懂得整饬法度，严明军中纪律，这就是他们不能成功的原因啊。"于是感慨叹息了很长时间。

他曾经又问孔克仁："汉高帝以平民起家成为拥有万乘的君主，用的是什么办法？"

孔克仁回答说："能识别人的好坏，善于使用人。"

明太祖说："项羽南面称王，不行仁义，却自我夸耀功劳。汉高祖懂得这种做法的后果，用柔和谦逊去顺承，用宽缓仁爱去救助，终于凭借这些战胜了项羽。当今豪杰众多，我保守长江下游以东地区，任用贤人，安抚民众，观察天下的事变。如果单与他们较量力量，那是难以仓促平定的。"

明太祖曾经读《汉书》，宋濂和孔克仁侍读。

明太祖说："汉朝的统治思想不纯的原因是什么？"

孔克仁回答说："是王道和霸道相掺的缘故。"

明太祖说："谁承当它的罪过？"

孔克仁说："责任在汉高祖。"

明太祖说："汉高祖开创基业，遭逢秦始皇毁灭儒学，老百姓从困顿中刚刚复苏，礼乐制度的事本来就没有讲究。孝文帝是贤明君主，正该制定礼仪，创制朝廷宗庙的音乐，来恢复夏、商、周三代的旧制。但是迟疑徘徊，没有及时创制，使汉朝的基业最终弄成这个样子。帝王做事的理，贵在不违背时势。夏、商、周的帝王各有各的时势，而他们都能及时而作，汉文帝有时势却不作，周世宗倒是没有时势却硬要作啊！"

■ 故事感悟

朱元璋身为一国之君，时时刻刻以先贤的道德准则要求自己，以图天下太平。他以历代国君为楷模，并认真分析他们的成败得失，从中吸取教训，这种做法值得我们学习！

■ 史海撷英

朱元璋的垦荒措施

洪武三年（1370年），朱元璋制定了开垦荒地的措施，下令：北方郡县荒芜田地，不限亩数，全部免3年租税。

另外，朱元璋还采取强制的手段，把人多地少地区的农民迁往地广人稀的地区。对于垦荒的人，由政府供给耕牛、农具和种子，并规定免税3年，所垦之地归垦荒者所有。同时还规定，农民有田5-10亩的，必须栽种桑、棉、麻各半亩，有田10亩以上者加倍种植。这些措施都大大地激发了农民垦荒的积极性。

■文苑拾萃

入如来禅

（明）朱元璋

师心好善善心渊，宿因旷作今复坚。
与佛同生极乐天，观空利物来东边。
目有神光顶相圆，王公稽首拜其前。
笑谈般若生红莲，周旋俯仰皆幽玄。
替佛说法近市廛，骅骝杂沓拥粉钿。
飘飘飞度五台巅，红尘富贵心无牵。
松下趺坐自忘缘，人间甲子不知年。

宋濂以史鉴朱元璋

宋濂（1310—1381），字景濂，号潜溪，别号玄真子、玄真道士、玄真遁叟。浦江（今浙江义乌）人。元末明初文学家。明初朱元璋称帝，宋濂就任江南儒学提举。与刘基、章溢、叶琛同受朱元璋礼聘，尊为"五经"师，为太子（朱标）讲经。洪武二年（1369年）奉命主修《元史》，累官至翰林院学士承旨、知制诰。洪武十年（1377年）以年老辞官还乡，途中病死于夔州（今重庆奉节县），后谥文宪。

宋濂生性诚实谨慎，在皇帝左右做官的时间很长，但没有攻击或揭发过别人的短处、过失。他居住的房间，署名叫"温树"。有一次，主事茹太素给明太祖呈上万余言的意见书，明太祖很生气，问朝廷的大臣们对意见书的看法。

有人指着他的意见书说："这是犯了不敬罪，这是犯了诽谤不法罪。"

明太祖问宋濂，宋濂回答说："他是对陛下尽忠啊。陛下正广开言路，不可过分怪罪他。"

不久，明太祖看了那份上书，发现其中有值得采纳的意见，就把朝廷的大臣都招来质问、责备，说道："如果没有景濂，就要错误地处罚上书提意见的人了。"

宋濂说："得天下以得人心为根本。人心不能牢固地掌握，虽然财物充斥，可是有什么用呢？"明太祖称赞他说得很好。

明太祖曾问宋濂学习帝王之道，什么书是主要的。宋濂提出《大学衍义》一书，明太祖就让人用大字写出公布在大殿东西两侧廊庑的墙壁上。

不久，明太祖到西侧廊庑，各位大臣都在。太祖指着《大学衍义》中司马迁所说的黄帝、老子的事，让宋濂讲解。

宋濂讲完，接着说："汉武帝沉迷于神仙等荒诞无稽的学说之中，改变了汉文帝、汉景帝谦恭俭朴的作风，民力用尽，之后又用严酷的刑罚督责人民。君主如果用礼义来治理民心，那么邪谬之说就不会被人民所接受；用学校教育人民，那么变乱的祸患就不会发生，刑罚不是首要的。"

■故事感悟

明太祖以治国为己任，见贤思齐，以先贤的帝王之道为借鉴，聆听宋濂讲汉武帝的得失，引以为戒。这正是帝王应提倡的居安思危、见贤思齐的思想！

■史海撷英

宋濂藏书

从青年时代开始，宋濂就喜欢藏书。当时因元末战乱，宋濂迁居到浦江，在青萝山中筑室读书，并将自己的住所称为"青萝山房"。

兵祸之后，官私藏书毁损严重，而宋濂因为隐居山中，仍能坐拥书城。明祁承汉在其所著的《澹生堂藏书红》中说："胜国兵火之后，宋文宪公读书青萝山中，便已藏书万卷。"清载殿泗《风希堂文集》卷二《宋文宪公全集序》中，则说宋濂"始自潜溪徒浦江，得卷氏藏书之富，首推宋濂"。

宋濂藏书的精华部分，有少数都流入到清人之手。如北宋本《长庆集》，先后为钱曾、黄丕烈、潘祖荫等人所藏。《百宋一廛赋》："庐山《长庆》，见取六丁；金华太史，独著精灵。"（注："《长庆集》北宋时镂版，所谓'庐山本'者。庚寅一炬，种子断绝，唯此金华宋氏景濂所藏小宋本，图记宛然，古香可爱，推稀世珍。"）又有宋本《春秋经传集解》《史记》《文选》等流入清官内府，《天禄琳琅续编》有记。

此外，宋濂还曾藏有宋刊《事林广记》，后归广东丁日昌，《持静斋书目》著录。

■文苑拾萃

题李易安书琵琶行

（明）宋濂

佳人薄命纷无数，岂独浔阳老商妇。
青衫司马太多情，一曲琵琶泪如雨。
此身已失将怨谁？世间哀乐长相随。
易安写此别有意，字字欲诉中心悲。
永嘉陈侯好奇士，梦里谬为儿女语。
花颜国色草上尘，朽骨何堪污唇齿。
生男当如鲁男子，生女当如夏侯女。
千载秽迹吾欲洗，安得浔阳半江水！

李善长劝朱元璋效汉高祖

李善长（1314—1390），字百室。汉族，定远（今属安徽）人。明朝开国功臣。少时有智计，习法家著作，推断时事，多有所中。元至正十四年（1354年），经丁德兴推举投朱元璋幕下，掌书记，劝朱元璋效法汉高祖刘邦豁达大度、知人善任、不嗜杀人的做法，以成帝业，于是被任为参谋，参与军事谋划，主持馈饷，备受信用。

李善长年少时读书有智谋，学习法家学说，策划的事多能达到预期的目的。

明太祖攻取滁阳（今安徽滁县），李善长迎见。明太祖知道他是当地德高望重的人，礼待他，留他主管书写的事。

明太祖曾舒缓地问他说："各地在打仗，天下什么时候可以平定呢？"

李善长回答说："秦末天下大乱，汉高祖以平民而起，他胸襟开阔，气量宽宏，了解并且善于使用人才，不好杀人，五年时间帝业成功。如今元朝的纲纪已乱，国家彻底崩溃，你生于濠州（今安徽凤阳县东），离汉高祖的出生地沛县不远，山河的王气应当由你承受。效法汉高祖的

做法，平定天下是不难的。"

明太祖认为他说得对，就效法而行之。

□故事感悟

朱元璋心胸宽广而又谦虚，能够接受臣下的建议，认识到效仿先贤、见贤思齐的益处。也正因为他这么做了，所以执政时期的明朝才能国泰民安。

□史海撷英

朱元璋的少年生活

幼年时期的朱元璋因营养不良，体弱多病，瘦得皮包骨头。朱元璋的父母十分迷信，认为只有观音菩萨才能救他的命，保佑他平平安安地活下去。于是，他们就把幼小的朱元璋送到附近的皇觉寺里，并让朱元璋拜寺里的老和尚高彬为师。

到了10岁时，朱元璋的父亲朱世珍为了躲避沉重的赋役，再次搬家，后来就在太平乡的孤庄为地主刘德种地。朱元璋也在那里，为刘德家放牛。

在放牛过程中，朱元璋结识了徐达、汤和、周德兴等人，并成为要好的朋友。日后，徐达、汤和、周德兴等人为建立明朝南征北战，立下了不朽的功勋，成为大明王朝的开国元老。

朱元璋自幼聪颖顽皮，曾读过几天书，鬼主意也最多，常玩的游戏就是扮皇帝。他经常穿着破衣烂衫，把棕树叶撕成丝丝缕缕的，粘在嘴上当胡子；再用一块车辐板放在头上顶起来，当平天冠，然后往土堆上一坐，就装模作样称起皇帝来。他还让伙伴们每人捡一木块，用双手捧着，三跪九叩，并高呼万岁。

登江苏金坛顾龙山

（明）朱元璋

望西南隐隐神坛，独跨征车，信步登山。

烟寺迁迁，云林郁郁，风竹珊珊。

一尘不染，浮生九还，客中有僧舍三间。

他日偷闲，花鸟娱情，山水相看。

于谦舍生取义

于谦（1398—1457），字廷益，号节庵，官至少保，世称于少保。杭州钱塘（今浙江杭州）人。明代名臣，民族英雄。宣德初授御史，出按江西，迁兵部右侍郎，巡抚河南、山西。正统十四年（1449年），召为兵部左侍郎。土木之变，英宗被俘，郕王朱祁钰监国，擢兵部尚书。于谦力排南迁之议，决策守京师，与诸大臣请郕王即位，为明景泰帝。瓦剌兵逼京师，身自督战，击退之，论功加封少保，总督军务，终迫也先遣使议和，使太上皇得归。天顺元年（1457年），于谦以"谋逆"罪被冤杀。弘治谥肃愍，万历改谥忠肃。有《于忠肃集》。于谦与岳飞、张煌言并称"西湖三杰"。

于谦从小就仰慕文天祥，以"人生自古谁无死，留取丹心照汗青"勉励自己，发誓要做一个像文丞相那样"殉国亡身、舍生取义"、以天下为己任的爱国志士。

据《于忠肃公集拾遗》中"于少保文山像赞"一文记载：于谦15岁即被录取为钱塘县儒学生员（秀才），文学才华颇负声誉，极受乡党亲族的器重。但他在学习诗词、制策之外，更留心古人的行事大节。他十分仰慕南宋杰出的民族英雄和爱国诗人文天祥的为人品性，特意在祖父收藏的文天祥画像上撰写了赞词，并悬置在自己座旁。

赞词曰："呜呼文山，遭宋之季。殉国忘身，舍生取义。气吞寰宇，诚感天地。陵谷变迁，世殊事异。坐卧小阁，困于羁系。正色直辞，久而愈厉。难欺者心，可畏者天。宁正而毙，弗苟而全。再向南拜，含笑九泉。孤忠大节，万古攸传。我瞻遗像，清风凛然。"

明正统十四年（1449年）七月，蒙古瓦剌部落首领也先率领骑兵大举南犯。当时宦官王振专权，极力鼓动明英宗北上亲征，于谦和兵部尚书邝埜劝谏，但是皇上一意孤行，贸然亲征。结果，明军在土木堡遭到惨败，英宗被俘。也先率瓦剌大军直攻北京，企图一鼓作气占领明朝的都城，也先还屡次以英宗性命相要挟。

国难当头，社稷为重，于谦和大臣们果断拥立英宗的弟弟郕王即位，于谦被任命为兵部尚书，全权指挥保卫北京的战役。于谦背水一战，誓死卫城。他将22万兵士分列于京师的九门之外，自己则身披甲胄亲赴兵营督战，大挫瓦剌也先的锐气。其后，于谦设伏，以少量骑兵且战且退，诱敌深入，击溃瓦剌军。

景泰八年（1457年）正月壬午，石亨和曹吉祥、徐有贞迎接上皇恢复了帝位。宣谕朝臣以后，立即把于谦和大学士王文逮捕入狱，诬陷于谦等人制造不轨言论；又和太监王诚、舒良、张永、王勤等人策划迎接、册立襄王。石亨等拿定这个说法，唆使科道官上奏。都御史萧维祯审判定罪，坐以谋反，判处死刑。

王文忍受不了这种诬陷，急于争辩，于谦笑着说："这是石亨他们的意思罢了，分辩有什么用处？"奏疏上呈后，英宗还有些犹豫，说："于谦是有功劳的。"徐有贞进言说："不杀于谦，复辟这件事就成了出师无名。"皇帝的主意便拿定了。

正月二十三日，于谦被押往崇文门外。就在这座他曾拼死保卫的城池前，于谦得到了他最后的结局——斩决。史载：天下冤之！

于谦被杀之后，按例应该抄家。可抄家的官员到于谦家时，才发现这是一项十分容易完成的工作，因为于谦家里什么也没有，除了生活必需品外，根本就没有多余的钱财。

其实，于谦自从土木之变以后，就已发誓不和敌人共生存，经常住在值班的地方，不回家。于谦一向有痰症病，景帝派太监兴安、舒良轮流前往探望。听说他的衣服、用具过于简单，下诏令宫中造了些赐给他，所赐东西甚至连醋菜都有。景帝又亲自到万岁山，砍竹取汁赐给他。有人说皇帝太过宠爱于谦，兴安等人说："他日夜为国分忧，不问家产。如果他去了，让朝廷到哪里找到这样的人？"到抄家的时候，于谦家里没有多余的钱财，只有正屋关锁得严严实实，打开来看，都是皇上赐给的蟒袍、剑器。

于谦死的那天，阴云密布，全国的人都认为他是冤枉的。有个叫朵儿的指挥，本来出自曹吉祥的部下，他把酒泼在于谦死的地方恸哭。曹吉祥发怒，鞭打他。第二天，他还是照样泼酒在地表示祭奠。都督同知陈逵被于谦的忠义感动，收敛了他的尸体，过了一年，将他送回去葬在杭州。皇太后开始时不知道于谦的死，后来听说以后，叹息哀悼了几天，就连英宗也后悔了。

于谦死后，由石亨的党羽陈汝言任兵部尚书。不到一年，陈汝言所干的坏事败露，贪赃累计巨万。皇帝召大臣进去看，铁青着脸说："于谦在景泰朝受重用，死时没有多余的钱财，陈汝言为什么会有这样多？"石亨低着头不能回答。

不久，边境有警，皇帝满面愁容。恭顺侯吴瑾在旁边侍候，进谏说："如果于谦在，一定不会让敌人这样。"皇帝无言以对。

这一年，徐有贞被石亨中伤，充军到金齿口。又过了几年，石亨也被捕入狱，死于狱中；曹吉祥谋反，被灭族。于谦的事情至此得以真相大白。

成化初年（1465年），将于冕赦免回来。他上疏申诉冤枉，得以恢复于谦的官职，赐祭。诰文里说："当国家多难的时候，保卫社稷使其没有危险，独自坚持公道，被权臣、奸臣共同嫉妒。先帝在时已经知道他的冤，而朕实在怜惜他的忠诚。"这诰文在全国各地传颂。第二年，皇帝采纳了给事中孙需的意见，赠给于谦特进光禄大夫、柱国、太傅，谥号肃愍，赐在墓建祠堂，题为"旌功"，由地方有关部门年节拜祭。万历中，改谥为忠肃。

■故事感悟

于谦以文天祥为榜样，舍生取义，大义凛然，值得景仰！于谦、文天祥都是我国历史上著名的民族英雄，都是民族的脊梁，他们的伟大人格力量也感召了为捍卫民族利益而奋斗的人们，是我国宝贵的民族精神。

■史海撷英

"今日多亏了您"

一天黎明的时候，郕王朱祁钰来到午门左门接见群臣，大家都争着向他弹劾朝廷宦官王振的罪状。郕王缺乏主见，只说了句："王振的事以后再说。"

这下可把大臣们惹急了，你一言我一语地大声叫嚷起来，要求立即下令族灭王振，平民愤，安人心。郕王哪里见过这种场面，慌忙从椅子上站起来，向宫里走去，并叫人赶快关上午门。群臣一时冲动，顾不得平日的礼仪规矩，一拥而上，吓得郕王不知道如何是好。

就在这时，兵部侍郎于谦拉住郕王的衣服，说："殿下，这可是关键时候，您不能走。群臣的心都是为了国家，没有别的意思。王振是祸首，不下令抄没他怎么能平息大家的气愤呢？"

郕王这才稍微镇静下来，叫宦官金英传令，命锦衣卫指挥马顺去抄没王振的家。大臣们嚷道："马顺是王振一党，怎么能叫他去！"

就在这时候，给事中王竑在混乱的人群里一把揪住了马顺的头发，喊道："奸党在这儿！"于是众人一哄而上，一顿拳打脚踢，马顺顿时血流遍地，呜呼哀哉了。

人们总算泄了一点儿愤。在于谦的提醒下，郕王说了几句"奖谕百官"的话，文武百官这才各自散去。吏部尚书王直看见于谦为了保护郕王，在众人的推搡中袍袖都被撕破了，拉着他的手感慨地说："今天的事情多亏了您。我虽是个老臣，但一百个也顶不了你一个。现在朝廷正需要借重你呀！"

■ 文苑拾萃

咏煤炭

（明）于谦

凿开混沌得乌金，藏蓄阳和意最深。
爝火燃回春浩浩，洪炉照破夜沉沉。
鼎彝元赖生成力，铁石犹存死后心。
但愿苍生俱饱暖，不辞辛苦出山林。

林则徐的禁烟和开明

林则徐（1785—1850），字元抚，又字少穆、石麟，晚号俟村老人、俟村退叟、七十二峰退叟、瓶泉居士、栎社散人等。汉族。福建侯官人（今福建省福州）。清朝后期政治家、思想家和诗人，中华民族抵御外辱过程中伟大的民族英雄，其主要功绩是虎门销烟。官至一品，曾任江苏巡抚、两广总督、湖广总督、陕甘总督和云贵总督，两次受命为钦差大臣。因其主张严禁鸦片，抵抗西方的侵略，坚持维护中国主权和民族利益，深受中国人的敬仰。

在中国近现代史上，林则徐是一位得到过最多赞誉的政治家。其谥号"文忠"，是清朝皇帝为表彰他维护朝廷长远利益的辛劳所赐，维新派则称颂他开学习西方"长技"之先河。著名历史学家范文澜对林则徐的评价最为贴切，那就是中国近代"睁眼看世界的第一人"。

林则徐一生的大部分时间都是按照传统封建仕途行进的。1785年，他生于福建，20岁时中举人，26岁便金榜题名中了进士。后来，他历任道员、按察使、布政使、巡抚、总督等职，成为汉族大臣中最受清朝皇帝重用的人物。

1838年，林则徐受命为钦差大臣，赴广东查禁鸦片，从而揭开了他一生中最重要的一章，同时也揭开了中国近代史的第一幕。

林则徐在禁烟的同时，还积极整顿海防，筹备战守。1840年夏，英军入侵，道光皇帝认为是林则徐惹的祸，将他革职后充军伊犁。后来，皇帝又念及林则徐的忠心，于1846年重新起用他，并授予林则徐陕甘总督、云贵总督等要职，直至他1849年因病辞官返乡。

林则徐禁烟前，中国封建王朝仍以"天朝君临万国"的妄自尊大心态而紧闭国门。国人对外部的世界也是茫然无知，认为英国人吃的是牛羊肉磨成的粉，食之不化，离开中国的茶叶、大黄就会"大便不通而死"。清朝官员也称英国人膝盖不能打弯，所以拜见中国"万岁"就不能下跪。林则徐刚到广州时，也称茶叶、大黄是"制夷之大权"，相信夷人膝盖伸展不便；认为"彼万不敢以侵凌他国之术，窥伺中华"。因此，初期他对英国发动战争的估计也是不足的。

然而，林则徐和那些顽固、愚昧的封建官僚是有区别的。一旦接触到外部世界，他就逐渐发现和承认西方有许多长处是值得中国学习、借鉴的。他虽然不懂外语，但却十分注意"采访夷情"，派人专门收集澳门出版的外国人办的报纸书刊，并把出身低下却懂英文的人招入钦差行辕，进行被当时顽固派认为是大逆不道的翻译工作。

当时，林则徐夜夜仔细阅读、研究译文资料，并把译成中文的《澳门月报》编辑为《论中国》《论茶叶》《论禁烟》《论用兵》《论各国夷情》等五辑。其中，最有价值的工作就是他组织翻译了1836

年伦敦出版、英国人慕瑞所著的《世界地理大全》，命名为《四洲志》，使之成为近代中国第一部系统介绍世界自然地理、社会历史状况的译著。

1841年，林则徐被流放途经扬州时，遇到了学识渊博的友人魏源，便把《四洲志》等有关资料交给魏源。魏源随后编出了《海国图志》，书中概括的"师夷长技以制夷"的著名思想，正是源自林则徐学习西方先进技术以求富强，来抵抗西方侵略以求独立的爱国主义主张。

在广州禁烟和组织抗英斗争中，林则徐同西方资本主义也发生了直接的接触。他逐渐认识到，闭关锁国是"因噎废食"，不可能"固疆强国"。只有了解西方，知己知彼，才能有效地抵抗侵略和保卫海疆。为此，他一面派人在广州一带刺探敌人的消息，去澳门了解西方国家的动态，购买西方的书报；一面积极组织人力进行翻译，译辑了《华事夷言》《四洲志》《各国律例》等著作，同时还选译了军事技术方面的文章。林则徐如饥似渴地学习这些新知识，还找机会亲自向外国人直接了解情况，从而获得了不少有关西方国家政治、军事、经济、史地等方面的知识，并了解到外国人对中国事情的看法。

林则徐不仅注意了解西方，而且主张进一步学习西方之"长技"。他曾从澳门和新加坡购买了200门西方制造的大炮，用来装备虎门各个炮台；还购买西方制造的战舰，组织力量仿制西方的各种新式武器。了解西方，学习西方之"长技"，是林则徐在广州能有效地进行抗英斗争的重要条件之一。

后来，林则徐在禁烟实践中还看到广大群众对外国侵略者"皆动公愤"，蕴藏着反侵略的巨大力量，深感到"民心可用"。他允许民间自行组织团练，并招募疍户（住在船上的城市贫民）、渔民壮丁5000

人，组成水勇，对他们进行训练，准备协助水师作战。林则徐还发布告示，宣布允许"人人持刀痛杀"闯入内河的英国侵略军。相信"民心可用"，这是林则徐在广州能有效地进行抗英斗争的又一个重要条件。

□故事感悟

林则徐是中国近代史上睁眼看世界的带头人。他开倡的先例，使当时的一些爱国进步人士都大受震动，纷纷打破旧传统，去了解和介绍西方的情况；同时也启迪了后来的知识分子和先进的人们，为谋求祖国的独立与富强而向西方学习先进的科学技术。

□史海撷英

林则徐拜见林雨化

林雨化，字希吾，是林则徐的同族长辈，也是林则徐父亲林宾日所创立的真率会的中坚分子。林雨化为人正派不阿，不畏权势，他揭发当时的福建按察使钱士椿营私舞弊，后遭钱士椿罗织罪名报复。对此，林雨化拒不认罪，钱士椿则逼迫林雨化的父亲代押。结果林雨化被监禁7个月后，遣戍新疆途中更是受尽折磨，直到60岁时才获释归乡。林宾日对林雨化的遭遇感到无限愤慨。

林则徐少时就已经从父亲的口中听说过林雨化的事情，一直希望见到林雨化。后来在父亲的引荐下，他终于有机会拜见了林雨化，并拜读其著作。

之后，林则徐对吏治腐败加深了认识，这些对他日后的改革吏治起到了重要作用。

题双松山馆二律

（清）林则徐

停车未共长官亲，诗句先惊入眼新。
滴露已纫骚客佩，干云合拟大夫身。
漫论桂树前头影，要识甘棠著手春。
有约归来恣吟啸，冬心话与岁寒人。

第三篇
虚心求教以补己

孔子主张不耻下问

孔子（公元前551—前479），名丘，字仲尼。鲁国陬邑（今山东省曲阜市南辛镇）人。春秋末期著名的思想家、教育家，儒家的创始人。孔子集华夏上古文化之大成，在世时已被誉为"天纵之圣""天之木铎"，是当时社会上最博学者之一；并且被后世统治者尊为孔圣人、至圣、至圣先师、万世师表。孔子和儒家思想对中国和朝鲜半岛、日本、越南等地区有深远的影响，这些地区又被称为"儒家文化圈"。

孔子是儒家学派的创始人，历代封建统治者都遵奉他为天生的最有学问的"圣人"，但孔子自己却认为："余非生而知之者（我不是生下来就有学问的）。"

在封建时代，太庙是国君的祖庙，孔子每次去太庙参加鲁国国君祭祖的典礼，只要一进太庙，就向人问这问那，几乎每一件事都问到了。

当时有人讥笑孔子，说："谁说'邹人之子，懂得礼仪'？来到太庙，什么事都要问。"（邹是当时县名，孔子的出生地，在今山东曲阜市东南十里西邹集。孔子的父亲叔梁纥做过邹地的长官，所以当时有人管孔子叫"邹人之子"，意即邹地长官的儿子。）

孔子听到人们对他的议论，回答道："我对于不明白的事，总是每事必问，这恰恰是我要求知礼的表现啊！"

那时，卫国有一位名叫孔圉的大夫，死后谥文，所以人们又称他为孔文子。

对于这件事情，孔子的学生子贡曾问孔子："孔文子何以谓之'文'也（孔文子凭什么被称为'文'呢）？"

孔子答道："敏而好学，不耻下问，是以为之'文'也。"

这是《论语·公冶长》中所载的原文。孔子说的是：孔圉聪敏而勤学，肯向地位在他之下的人求教而不以为耻，所以用"文"字作为他的谥号。

■故事感悟

成语"不耻下问"就是从孔子的这句话来的。作为现代人，我们更应该学习孔子不耻下问的精神，不懂就不要装懂，在向书本、向别人学习中弄懂，这才是应该具备的正确态度。

■史海撷英

子贡赎人

春秋时期，鲁国有一道法律规定：如果鲁国人在外国见到同胞遭遇不幸，沦落为奴隶，只要能把这些人赎回来，帮助他们恢复自由，就可以从国家获得金钱的补偿和奖励。

有一次，孔子的学生子贡把鲁国人从外国赎回来了，但却不向国家领取金钱。

孔子说:"赐(端木赐,即子贡),这就是你的不对了。从此以后,鲁国就没有人再去赎回自己遇难的同胞了。向国家领取补偿金,对你没有任何损失;但不领取补偿金,鲁国就没有人再去赎回自己遇难的同胞了。"

■文苑拾萃

子贡

(宋)王安石

一来齐境助奸臣,去误骄王亦苦辛。
鲁国存亡宜有命,区区翻覆亦何人。

栾书从善如流

栾书（？—约前573），姬姓，栾氏（一作架氏），名书，一名傀，谥号武。时人尊称栾伯，即栾武子。栾枝之孙，栾盾之子，士匄亲家。春秋中期晋国卿大夫，才能卓越的军事家、政治家、战略指挥家，名满天下的政客。栾氏家族振兴的奠基人，世卿世禄制的坚决拥护者。他执政时期，将晋楚争霸战争再度推向高潮。

春秋时期，有一次，楚军攻打郑国，郑国抵挡不住，便派人向晋国求救。于是，晋景公就派栾书率领大军去救援郑国。楚军见晋军来势凶猛，立即退兵撤回楚国去了。

栾书感到十分恼火，就领兵去攻打楚国的盟国蔡国，蔡国又连夜派人向楚国求救。于是，楚国派公子申、公子成二人，率领申地、息地的军队前来救援。

晋国大将赵同和赵括向中军元帅栾书请求出战，迎击楚军。栾书正要答应，这时他的部下智庄子、范文子、韩献子三人劝阻栾书说："楚军去而复来，一定很难对付。如果我军胜了，只是打败了楚国两地军队，不值得炫耀；如果我军败了，那就耻辱到极点了，因此不能与楚军相争。"

栾书听了，觉得很有道理，准备收兵。

可是栾书的其他部将不同意智庄子三人的看法，他们对栾书说："元帅卿佐共有11个人，只有他们三位反对出战，可见主张打的人占多数，元帅怎么不按多数人的意见来决策呢？"

栾书回答道："多数人的意见不一定正确，正确的意见才能代表多数。智庄子等人的意见深谋远虑，是正确的建议，所以能够代表大多数人。因此，我应当接受他们的意见。"于是，他下令退兵。

■故事感悟

这个故事让我们明白：从善如流才能使人进步，才能获得解决问题的最佳方法；见贤思齐才能进步，才能获得尊重并被他人接纳。

■史海撷英

栾书巧夺郑国

公元前587年11月，楚国联盟内部矛盾激化，郑国与许国发生了边境冲突，郑国大打出手，令许国叫苦不迭。于是，栾书就趁着楚国联盟内讧之际，悍然打出了"救许伐郑"的旗号，率领荀首、士燮南下。子反则率师驰援郑国，拉开了栾书争霸的序幕。

与许国不同的是，郑国多了一份反骨。栾书的意思就在于策反郑国，挑拨离间，借力打力。许国得到了晋国的口头协助，更硬气了。许灵公与郑悼公去楚国找楚共王评理，楚共王害怕许国继续亲晋，牺牲了郑国的利益。郑国败诉，楚国便拘留了郑悼公、子国及皇戌一行，不想这正中了栾书声东击西之计。

其实，栾书对许国并没有兴趣，他更希望得到郑国。郑悼公回国后，对楚国的判罚愤愤不平，命子游前往晋国，请求结盟，栾书欣然接受。

公元前586年8月，晋、郑会盟于垂棘。11月，栾书辅佐晋景公与齐顷公、鲁成公、郑悼公、卫定公、曹宣公及邾、杞国君会盟于虫牢，向楚国炫耀战略胜利。

□文苑拾萃

咏栾书

佚 名

武子厚德民自铭，立贤除暴有清声。

徒由训后少加意，至留孙辈付鼎兵。

三世深戒何不惧，千载谬论总娱听。

王谢当年旧辛苦，燕羽今飞万姓庭。

重耳听劝成大业

　　晋文公（公元前697—前628），姬姓，名重耳。与周王室同宗。春秋时期著名的政治家，晋国国君，春秋五霸之一。晋献公之子，因其父立幼子为嗣，曾流亡他国19年；后在秦国援助之下，于62岁时回国继位，在位9年去世。

　　春秋时期，晋国的公子重耳受到晋惠公和骊姬的迫害，带着文臣武将狐毛、狐偃、赵衰、魏犨、介子推等人，逃难到了狄国。

　　狄国离晋国很近，晋惠公便派人追杀重耳，狐毛、狐偃等一群大臣又保护着重耳逃到了齐国。

　　在路过卫国的时候，卫国国君见重耳是个无权无势逃难的晋国公子，不肯给他开城让路。

　　在途经五鹿的时候，重耳就派狐偃去向农民要点吃的，农民却把一块土坷垃放在碗里说："老爷们，请吃这个吧！"

　　狐偃却郑重地对重耳说："公子，这可是好兆头啊！这预示着上天要赐给你土地啊！"

　　重耳一听，跪下就拜那块土坷垃。

重耳和他的这批忠心耿耿的大臣累累如丧家之犬，逃到了齐国。齐桓公热情地接待了他，并把远房侄女齐姜嫁给了重耳。重耳过了几年安定日子，竟然忘记了自己身在异国。

狐偃、赵衰等人劝重耳投奔宋国，重耳却说："我都快老得没牙了，哪儿也不想去了。"

狐偃和赵衰等老臣在一起商量让重耳离开齐国的办法，不料被重耳妻子齐姜的侍女听到了，她赶快报告给齐姜。齐姜是个有见识的女子，她想，丈夫不能无所作为地老死在齐国，于是她和狐偃等人密谋把重耳灌醉了，然后把重耳抬到车上。等上了路，重耳酒醒过来，明白了是怎么回事，大怒。后来一想，老臣们都是为他好，只好在老臣的保护下赶路。

重耳和老臣们先来到曹国，受到曹共公的戏弄，重耳一气之下，跑到宋国。

宋襄公隆重接待了公子重耳和他的臣子们，重耳希望宋襄公能护送他们君臣打回晋国。

宋襄公说："宋国国小力微，力不从心啊！"

狐偃和赵衰这帮老臣护送重耳又来到郑国。郑国国君是个很小气的人，干脆不理重耳他们这批"难民"。

公子重耳只好在众老臣的保护下绕道来到楚国。楚成王倒是十分欢迎重耳，为他举行了隆重的宴会。

一天，楚成王对重耳说："楚国离晋国太远了，现在秦穆公正打听你们的下落，派大将公孙枝来接你回秦国，你愿意吗？"

重耳听了十分高兴，便随公孙枝来到秦国。秦穆公一见重耳，非常喜欢他，还把女儿怀嬴嫁给了重耳。公子重耳在秦国又住了下来。

秦穆公决定派大军护送公子重耳返回晋国，去做国君。秦穆公派兵车400多辆杀向晋国。

秦穆公为重耳送行，重耳一行人来到黄河边，逃难十几年的重耳望着滔滔黄河，感慨万千。

重耳回过头来，见掌管行李和杂物的壶叔忙忙碌碌，把逃难路上用的一些不值钱的破烂都搬到船上。

公子重耳笑了："哈哈，现在可不是咱们逃难的时候了，还愁吃和穿吗？你可太小气了。"他让手下人把那些破烂东西都扔到岸上。

壶叔在一旁看了，心里十分难受，可他什么都不敢说，因为他的地位太低了。狐偃的心里和壶叔一样难受，他连忙跪倒在重耳面前说："过去，公子在难中，我不敢离去，现在您要当国君了，我就如同这些破烂一样没用了，不如丢弃掉。"

公子重耳听了，脸红到脖子根儿，流着泪连忙谢罪说："这都怪我不好，我有今天，都是你们这些老臣的功劳，我怎么会忘记你们呢？"

说完，重耳让人把丢弃的破烂收回来。后来重耳当了国君，就是晋文公，他重用共患难的老臣，终于成为春秋时代最有作为的诸侯之一。

▢故事感悟

确实，晋文公在一段时间内犯了糊涂，好在有狐偃的劝告，让晋文公醒悟改过。我们在平日中见到好的德行和善举，也该好好反省自己，以时刻提高自己的素养。

▢史海撷英

晋文公守信得原卫

晋文公出兵攻打原国，只携带可供士兵们吃10天的粮食，并和大夫们约定以10天作为期限，要攻下原国。可是到原国10天后，却没有攻下原国，晋文公便下令敲锣退军，准备收兵回晋国。

这时，有将士从原国回来报告说："再有3天就可以攻下原国了。"这可是攻下原国千载难逢的好机会，眼看就要取得胜利了，晋文公身边的群臣也劝谏说："原国的粮食已经吃完了，兵力也用尽了，请国君再等待一些时日吧！"

晋文公语重心长地说："我跟大夫们约定以10天为期限，若不回去，是失去我的信用啊！为了得到原国而失去信用，我办不到。"于是下令撤兵回晋国去了。

原国的百姓听说这件事，都说："有像文公这样讲信义的君王，怎可不归附他呢？"于是，原国的百姓都纷纷归顺了晋国。

卫国的人也听到这个消息，便说："有像文公这样讲信义的君王，怎可不跟随他呢？"于是也向晋文公投降了。

孔子听说后，就把这件事记载下来，并且评价说："晋文公攻打原国竟获得了卫国，都因为他能守信啊！"

□文苑拾萃

贤者之孝二百四十首·晋文公

（宋）林同

伐蒲君父命，校者是吾雠。
披直寺人耳，钥麑信有谋。

荀淑拜师少年

　　荀淑（83—149），字季和。东汉颍川颍阴（今河南许昌）人。汉桓帝时人物，以品行高洁著称。他的孙子荀彧是曹操部下著名的谋士。荀淑为战国荀况第十一世孙，博学多识，有"神君"之称。与同朝同颍川郡人的钟皓、韩韶、陈寔皆以清高有德行闻名于世，合称为颍川四长。《后汉书·循吏传序》曾记载："自章和以后，其有善绩者，往往不绝。如鲁恭、吴祐、刘宽及颍川四长，并以仁信笃诚，使人不欺。"

　　荀况是战国后期的思想家、教育家，他发展了儒家学说，使儒家学说开始具有朴素的唯物主义倾向。他十分强调后天的教育，认为只要刻苦用功，"锲而不舍，金石可镂"，后来者也可以居上。他把老师和天、地、君、亲并列，并进一步指出："国将兴，必贵师而重傅……国将衰，必贱师而轻傅。"

　　荀况的这种思想不仅对后世影响很大，对其家庭影响也是非常深刻的。他的十一世孙荀淑从小受家庭环境的熏陶，非常爱读书，也很有才华，曾做过郎中，还当过当涂的县令。后来他辞官归故里教书，学识渊博，品行端正。他的学生不计其数，还有从很远的地方来拜他为师的学生，连当时知名的学者李固、李膺都是他的学生。

有一次，荀淑来到慎阳县，在旅店遇到一个14岁的少年，粗布短衫，但气度不凡，两目炯炯有神。一见面，荀淑就非常喜欢这个少年。两人攀谈起来，很是投机。

这个少年谈起学问来，滔滔不绝，很有见地，就是当地一流学者也望尘莫及。两个人足足谈了一整夜也没谈完。

荀淑把多年积存在心里的疑难问题向少年请教，少年有问必答，讲得头头是道，使荀淑茅塞顿开，豁然开朗，佩服得五体投地。

荀淑请教少年尊姓大名，少年从容作答："姓黄，名宪，字叔度。"于是荀淑站起来，恭恭敬敬地给黄宪施礼，并说道："黄先生在上，受我一拜。"

黄宪道："老人家，何必客气！学问就要互相切磋，才能提高啊。我还是一个不知名的小字辈，老人家出身名门，已名扬千里，就免礼吧。"

荀淑道："尊师重教是先祖的教诲，能者为师，不拘年龄大小。常言道：英雄出少年。你是我40多年来遇到的最好的一位老师，解决了我多年的疑虑，理应受拜。"说着又上前行了大礼。

可见，荀况不耻下问的遗风在荀淑身上进一步得到了发扬。

□故事感悟

不耻下问，是一种美德，也是一种作风，更是一种获得成功的方法。荀淑做到了这一点。所以要想作出一番事业，就要具备这种不耻下问的精神。

荀淑仁德

荀淑辞官后，回到故里闲居养志，率族躬耕，勤俭持家，发展经济，使得产业日益增大，成为当地的富庶家族。他自己宽裕了，并没有忘记身边的困难人群，经常将衣物盐粮等赡济宗族和知友，得到了人们的仰慕和爱戴。

建和三年（149年），67岁的荀淑去世了，时任朝廷尚书的李膺亲自奔丧悼唁。周围的百姓也都纷纷出赠，为荀淑修建祠堂，以表对荀淑的深切纪念。

汉文帝赦免淳于意

淳于意（公元前205—？），姓淳于，名意。西汉初齐临淄（今山东淄博东北人）。淳于意曾任齐太仓令，精通医道，辨证审脉，治病多验。曾从公孙光学医，并从公乘阳庆学黄帝、扁鹊脉书。后因故获罪当刑，其女缇萦上书文帝，愿以身代，得免。《史记》记载了他的25例医案，称为"诊籍"，是中国现存最早的病史记录。

汉朝初期，有个著名的医学家名叫淳于意。他是临淄（今山东淄博）人，曾任齐太仓令，人们都称他为仓公。

淳于意极其喜欢医术，曾跟随公孙光学医，并跟随公乘阳庆学习黄帝、扁鹊脉书。阳庆70多岁的时候还没有儿子，因此就把他珍藏多年的秘方和医书全都传授给了淳于意。淳于意医术越来越高明，终于成为一代名医。

公元前167年，淳于意被人诬陷，并被判刑押解长安。淳于意有5个女儿，在他被押解的时候，5个女儿都跟在他后面号啕痛哭。淳于意痛心地骂道："我只有女儿，没有儿子，现在有了急事，也没有人能够为我排忧解难。"

淳于意最小的女儿缇萦听到父亲的话更加伤心了，于是她跟随父亲到了长安。她给汉文帝写了一封奏疏，她说："我的父亲做官的时候，人们都称赞他为人廉洁，没想到如今却要受到惩处。我现在深切地感到，一个人死了就再也不能复活，一个人遭受刑罚的惩处，被砍掉手脚就再也不能长了。即使他想改过自新，也不可能了……"她还说："我甘愿给官府当奴婢，以此赎掉父亲的罪过，给他留下改过自新的机会。"

汉文帝读了这封奏疏，深受感动，于是下诏赦免了淳于意。

■故事感悟

人要有改过自新的勇气，这一切来自于榜样的力量和顿悟的瞬间。汉文帝读完缇萦的信之后，认识到自己的错误，并立即改过，这种作风令人佩服。

■史海撷英

淳于意学医行医

高后八年（公元前180年），当时淳于意的老师公乘阳庆已年过60岁，收淳于意为徒。他让淳于意将过去所学的医方都丢弃，然后将自己珍藏的黄帝、扁鹊脉书，根据五色诊断疾病、判断病人愈后的方法以及药物方剂等书，传给了淳于意。

3年后，淳于意出师，四处行医，足迹遍及山东，曾为齐国的侍御史、齐王的孙子、齐国的中御府长、郎中令、中尉、中大夫、齐王的侍医遂等人诊治过疾病。当齐王刘将间为阳虚侯时（公元前176—前164年），淳于意曾为其治愈了关节炎等一类的疾病；他还随从将间去过长安（今陕西西安），并为安陵（今咸阳东北）阪里的项处诊治过牡疝病。

汉文帝

（宋）卫宗武

恺悌而爱人，恭俭以持已。
府库有余财，勿忍为已费。
田租奉人上，屡至为民赐。
不肯私嬖臣，以存大臣体。
不敢私贵戚，以贻天下议。
澹乎无嗜好，绝不尚功利。
断刑岁数百，烟火绵万里。
礼乐虽未遑，亦足为善治。
洪惟庆历君，盛德概相类。
爰立俱名臣，后元则无是。

左雄知错即改

左雄(？—138)，字伯豪。东汉南阳涅阳(今河南邓县东北)人。少有大志，聪明好学，知识渊博；品性笃厚，善助邻里，誉满郡县。左雄初举孝廉，汉顺帝刘保拜他为议郎，后迁冀州刺史。

东汉时期，左雄官居尚书令。朝廷让他举荐人才，他经过深思熟虑，就推荐冀州刺史周举做尚书。后来，左雄改任司隶校尉，又举荐一个叫冯直的人做将军。冯直有个毛病，爱贪小便宜，曾收受贿赂，坐过牢。周举知道后，就为这件事对左雄提出了弹劾。

左雄开始有点儿不舒服，心想周举能做到尚书，还不是得力于我当初的举荐？如今却一点儿都不给我留情面，于是就气愤愤地对周举说："朝廷的诏书说的是让我选刚强勇敢的人，又不是让我选清廉高洁的人。"

周举说："说得对，可是诏书里面说的是要你推荐刚强勇敢的人，不是让您选贪污受贿的人！"

左雄生气了，就说："真没想到，我推举了您，却正好是自己害了自己。"

周举说："古时候赵宣子让韩厥做司马，韩厥按军法杀了赵宣子的仆人。赵宣子不但不生气，还对同朝的各位大夫说：'你们应该祝贺我，我选了一个叫韩厥的人，十分称职。'如今您不嫌弃我周举，让我在朝中任职，我又怎敢曲意逢迎您，让您为此蒙羞呢？我真没想到您的想法与赵宣子的想法是如此不同！"

左雄听了，转怒为喜，向周举道歉说："我选冯直，是因为自己以前在冯直父亲属下做事，又和冯直关系很好。如今您参劾我，这的确是我的过失！"

人们在听说了这件事后，更加尊重左雄了。

■故事感悟

左雄心胸宽阔，而他这份见贤思齐、知错就改的决心更值得赞赏。同时这个故事还告诉我们：人们在一起合作时，最大的动力是互谅互让，最大的障碍是自私自利。

■史海撷英

左雄推行选官制

左雄就任期间，针对各郡县"举孝廉"的种种弊端，多次上书汉顺帝刘保，建议实行考试选官制度。他在奏折中写道："郡守县令所举孝廉依己之好恶而定，因而，'言善不积德，论功不据实，虚诞者获誉，构检者离毁。……朱紫同色，清浊不分'，建议自今起考廉不到四十者不得察举。凡被举者，先经公府严格考察后，考试家法（即必考孝悌之类的传统知识）和奏章，然后在端门公布考试成绩，审核其真实，以才取官，改善社会风尚。凡违背考试法规者，依法治罪。若有奇才者，不受年龄限制。"同时，左雄还提出了严惩不轨荐举者的种种规定。

次韵王适州学新修水阁

（宋）苏辙

黄钟巨挺两春容，何幸幽居近学宫。
坐对江山增浩气，力追齐鲁欲同风。
颂诗闻道求何武，家法行看试左雄。
欲伴少年游冁相，奔军惭愧恐词穷。

王羲之拜羊倌

王羲之（303—361），字逸少，号澹斋。祖籍琅琊临沂（今属山东），后迁会稽（今浙江绍兴），晚年隐居剡县金庭。中国东晋书法家，有"书圣"之称。历任秘书郎、宁远将军、江州刺史。后为会稽内史，领右将军，人称"王右军""王会稽"。其子王献之书法亦佳，世人合称为"二王"。

王羲之在家练了3年的毛笔字后，见自己的书法还是不到家，心里就开始犯嘀咕："人人都说我聪明，我又下了3年工夫，如今书法还是不到家，一怪师父不高明，二怪手中的毛笔不神奇。我何不去名山寻个神仙拜为师父，倘若他能赐给我一只神笔，我就会成为天下闻名的大书法家了……"

打定主意后，王羲之便打点好行李，拜别了爹娘，动身寻仙拜师去了。

王羲之出了临沂城，来到沂河边，看到一位老渔翁手持鱼叉正在打鱼，便走上前去说明了来意，并问他可知神仙住在哪里。渔翁听了笑笑说："郎君莫急，待俺叉上那条大鲤鱼来再告诉你。"王羲之举目一看，只见河水滚滚南去，哪有鱼虾的影子呢？他正在心疑，渔翁"嗖"地飞出手中的鱼叉，立刻就叉出一条七八斤重的大鲤鱼来。王羲之惊得直眨眼，急忙施礼说道："老伯有这等本事，准是仙家的门徒，这鱼叉也定是件神器！求您快快告诉我神仙住在哪座名山，让我也去拜他为师！"渔翁听了笑着唱道：

> 从来没拜神和仙，
> 手中鱼叉也一般。
> 自幼打鱼沂河边，
> 本事全靠苦中练。

王羲之听了直摇头。渔翁见他不信，便领他来到一座深水潭边，接着说道："当年俺为了习得打鱼的本事，每天到这里苦练投叉的准头儿。年复一年，日复一日，末了鱼叉竟在这里掘出个大水潭，如今人们都管它叫'练叉潭'……"王羲之听后寻思了半天，谢过渔翁又往前走去。

王羲之来到沂蒙山里，看到一位老猎人身挎硬弓，腰悬利箭，正在打猎，便向他说明了来意。老猎人听了笑笑说："郎君莫急，你看天上飞来三只大雁，待射下雁来我再告诉你。"

王羲之举目一看，只见漫天里有三个飞动的小黑点儿，能看清它们已不容易，要想射下来，除非是后羿！

他正在心疑，老猎人"嗖嗖嗖"连发三箭。过了一阵儿，天上真的掉下三只雁来。王羲之跑上前一看：天哪，支支利箭都穿在大雁头上，这人准是仙家的门徒了！老猎人见他那副惊奇的样儿，笑着唱道：

从来没拜神和仙，

手中弓箭也一般。

自幼打猎在深山，

本事全靠苦中练。

　　王羲之听了直摇头，老猎人指着对面那座高山说道："郎君你看，山腰上不是有个透亮的洞吗？那是俺当年为了习得打猎的本事，每天对着这座高山练箭。天长日久，日久天长，末了这座大山就让俺给射穿了，如今人们就管它叫'箭穿山'。"王羲之听后寻思了半天，又往前走了。

　　王羲之来到一座岗上，看到一位老汉正在放羊，又向他说明了来意。老汉刚要答话，忽然前面一块碾盘大的石头上爬来一条大长虫。王羲之正要往老汉身后躲藏，却见老羊倌挥起鞭儿"啪"地一炸，大长虫和那块大石头竟被他全抽成两截了。王羲之惊得连声喊道："老伯神鞭这么出奇，您定是仙家门徒！请您快领我见老神仙去！"老羊倌听了哈哈大笑，接着唱道：

从来没拜神和仙，

手中羊鞭也一般。

自幼放羊在蒙山，

本事全靠苦中练。

　　王羲之听了没吱声，老汉指着那座岗顶说："郎君有所不知，这山头原本是尖的，当年俺每天在这里苦练甩羊鞭儿。年复一年，日复一日，末了山头就让俺抽成岗顶了，如今人们都管它叫'鞭抽岗'。"王羲之听了，好似大梦初醒，再也不想寻神仙求神笔了。他向老汉拜了三拜，转身回到了临沂城。

回到家后，王羲之发奋从头开始练起书法。从此以后，他每天一早就到家门前的水塘边临池练字，日落西山才涮笔洗砚返回家里。天长日久，等他成了天下闻名的大书法家时，那口水塘已被他涮笔洗砚染得水黑如墨了，于是人们给那座池塘起了个名字——洗砚池。

■故事感悟

虽然这是一个虚构的故事，但传说王羲之家门前真的有一个"洗砚池"。故事虽然是假的，道理却是真的。成功没有法门，只有刻苦努力，才能认识到自己的不足之处，才能向贤者学习并改进。

■史海撷英

王羲之爱鹅

王羲之生性喜爱鹅。当时，会稽（今绍兴）有一个老妇人养了一只鹅，很擅长鸣叫。王羲之就想到集市把它买来，结果没有买到，就带着亲友驾车前去观看。老妇人听说王羲之即将到来，就把鹅宰了，煮好招待王羲之。王羲之为此叹息了一整天。

山阴（今绍兴）还有一个道士，很喜欢养鹅，王羲之便前去观看。看到一只只大白鹅非常喜欢，王羲之坚决要求买了这些鹅去。道士说："只要你能替我抄写《道德经》，我这群鹅就全部送给你。"王羲之高兴地写完，用笼子装了鹅带回家。

兰亭集序

（东晋）王羲之

　　永和九年，岁在癸丑，暮春之初，会于会稽山阴之兰亭，修禊事也。群贤毕至，少长咸集。此地有崇山峻岭，茂林修竹，又有清流激湍，映带左右。引以为流觞曲水，列坐其次。虽无丝竹管弦之盛，一觞一咏，亦足以畅叙幽情。是日也，天朗气清，惠风和畅，仰观宇宙之大，俯察品类之盛，所以游目骋怀，足以极视听之娱，信可乐也。

　　夫人之相与，俯仰一世。或取诸怀抱，悟言一室之内；或因寄所托，放浪形骸之外。虽趣舍万殊，静躁不同，当其欣于所遇，暂得于己，快然自足，不知老之将至。及其所之既倦，情随事迁，感慨系之矣。向之所欣，俯仰之间，已为陈迹，犹不能不以之兴怀，况修短随化，终期于尽！古人云：“死生亦大矣。”岂不痛哉！

　　每览昔人兴感之由，若合一契，未尝不临文嗟悼，不能喻之于怀。固知一死生为虚诞，齐彭殇为妄作。后之视今，亦犹今之视昔，悲夫！故列叙时人，录其所述。虽世殊事异，所以兴怀，其致一也。后之览者，亦将有感于斯文。

钟隐拜师卖身为奴

　　钟隐（生卒年不详），字晦叔。五代南唐人物。天台（今浙江天台县）人，以其隐于钟山遂为姓名，盖处士也。少清悟，不好俗事，好肥遁自处，好画花竹禽鸟以自娱。凡举笔写像必致精绝，时无伦拟。喜画鹁子、白头翁、鹨鸟、斑鸠，皆有生态，尤长草棘树木。兼工山水、人物，其画笔高瞻简远，工于用墨。笔迹混成，外无棱刺，鸟羽皆用淡色意就而成。

　　五代时期，有一位叫钟隐的青年，喜欢画禽鸟竹木。他平素以郭乾晖为师，临摹作品，学习技法，已初露头角。遗憾的是，他一直没有机会见过这位老师，只是"神交"而已。

　　钟隐为什么不去拜师呢？原来，他从旁人口中了解到，郭乾晖老师虽独树一帜，誉满画坛，但有个特点：画法秘而不宣。无论谁去找他求教，他都不教，连让人家看一看作画过程也不答应。

　　钟隐求师心切，他并不满足自己已经取得的点滴成绩，还想再提高一步。可郭先生拒不收徒，怎么办呢？他想了好久，终于想出办法来了。他决定改名换姓，卖身郭家为奴。这件事钟隐做得很秘密，不露一点儿破绽。而郭乾晖也只把他当奴仆看待，从未存有戒心。这样，钟隐学画的机会有了。端茶倒水之机，他可以瞧上几眼；夜深人静之时，他又细心琢磨。没多久，他几乎完全掌握了郭先生的绘画技艺。有时没人在场，他还练上几笔，心中十分高兴。

一天，钟隐心中忽萌画兴，便提起画笔在郭家的粉墙上画了一只老鹰。苍鹰共翠柏，壮志冲云天，那老鹰的神气，真像从天上飞下来的一般。正当钟隐凝目沉思之际，忽有客人到。客人一见这壁画，无不称赞，说郭先生果然名不虚传。待到他们向郭先生祝贺的时候，郭先生却不知道是怎么一回事。他随着客人们一起走到粉墙前一看，被那欲击长空的老鹰惊呆了。他忽然想到：世上知我画法的，只有钟隐一人，这老鹰画得如此之好，莫非……这时，钟隐纳头便拜，说明了求师的缘由和事情的经过。郭乾晖深为感动，他连忙扶起钟隐说："你是一位可以深造的好后生，我决定收你为徒！"

从此，钟隐跟着自己久已仰慕的老师更加勤奋地学画，终于成为世人皆知的丹青妙手。

□故事感悟

为了拜师，不惜为奴，真诚的求学精神为后人所传颂。学习首先要有"虚怀若谷、见贤思齐"的心态，需以谦卑诚恳的态度对待一切学问，永远记得自己的无知与渺小。不论自己知识积累至何种程度，始终要把自己的学问当做沧海一粟。学问这种东西，人即使穷其一生也可能仅仅是跨个门槛而已。

题钟隐简寂观图

（宋）吴则礼

饱知阿隐有妙处，未见从来丘壑谋。
径呼管城办能事，和苴贴贴仍晚秋。
白头故作西河梦，独遣老眼酬南州。
边笳牧马岂不好，平安火过消人忧。